번역과 자막
Translating and Subtitling

Translating and Subtitling

번역과 자막

통번역학 박사 장민호 지음

한국문화사

번역과 자막

1판 1쇄 발행 2008년 5월 31일
1판 2쇄 발행 2022년 5월 3일

지 은 이 | 장민호
펴 낸 이 | 김진수
펴 낸 곳 | 한국문화사
등   록 | 제1994-9호
주   소 | 서울시 성동구 아차산로49, 404호(성수동1가, 서울숲코오롱디지털타워3차)
전   화 | 02-464-7708
팩   스 | 02-499-0846
이 메 일 | hkm7708@daum.net
홈페이지 | http://hph.co.kr

ISBN 978-89-5726-564-2 93740

· 이 책의 내용은 저작권법에 따라 보호받고 있습니다.
· 잘못된 책은 구매처에서 바꾸어 드립니다.
· 책값은 뒤표지에 있습니다.

오류를 발견하셨다면 이메일이나 홈페이지를 통해 제보해주세요.
소중한 의견을 모아 더 좋은 책을 만들겠습니다.

머리말

학부나 석사과정에서 통번역입문을 강의하면서 요즘 느끼는 것은 학생들이 보기에 비슷한 번역이론들을 나열하거나 통번역의 세세한 방법론적 테크닉을 나열하는 버라이어티 쇼는 지양해야겠다는 점이다. 이러한 접근방식이 갖는 문제점은, 통번역에 대해 필요이상의 신비감을 주고, 마치 통번역사가 만물박사여야만 가능한 것으로 묘사돼 입문과정의 학생들에게 오히려 좌절감을 줄 수 있다는 점이다.

입문과정이라면 먼저 번역이 왜 이루어져야 하는지에 대한 철학적인 질문이 선행되어야 한다. 나아가 번역이 우리의 삶에서 차지하는 비중, 번역 행위에 대한 사회적 수요를 납득시킨 후, 그 다음에야 구체적 방법론과 학적 접근에 대한 논의가 있어야 할 것이다.

이 책은 자막을 통해 번역에 접근한다. 실용텍스트를 출발어로 한 번역물에서 다양한 번역이론을 적용할 수 있는 번역사례는 찾기가 매우 힘들다. 번역이론들이 다루는 사례 중 많은 경우는 문화특정적 요소를 포함하고 있기 때문이다. 번역이론 상당수는 암묵적으로 문학번역을 전제하고 있는 것처럼 보인다. 그러나 번역교실에서 시, 소설 등 문학텍스트는 전혀 다루지 않고 있는 것이 현실이다. 실용텍스트 번역의 경우 영어권 문화가 도착어의 언어/문화에 깊숙이 침투한 상황에서 출발어의 어휘나 문장구조를 그대로 도착어에서 복사하는 '번역투'가 많아 번역이론이 개입할 여지는 갈수록 줄어들고 있다.

이 책이 번역의 특수한 형태 중 하나인 '자막'에 착안한 이유는, 영화 자체가 문화이므로 자막에는 문학번역적 요소가 다분하며, 출발어와 도착어의 대조가 미시적, 직접적, 즉각적이어서 강학상 편리하다. 또한 번역에서 중시되는 상황문맥을 영상의 도움으로 파악하기가 쉬워 번역 초보자라도 자막에 대한 비판 능력을 쉽게 기를 수 있다. 자막은 또한 일반대중을 대상으로 하고 있어 독자의 눈높이 배려에 대한 안목도 기를 수 있다. 자막이 갖는 시간적, 공간적 제약 등 제반 특성은 정도의 차이는 있지만 일반 번역에도 그대로 적용된다는 점에서 번역 일반에 대한 감각을 기를 수 있다.

이 책의 구성은, 1장에서 번역이 왜 중요한가를 설명하고, 2장에서는 특수번역인 자막이 번역 일반의 다양한 모습을 어떻게 담고 있는지를 설명해 자막과 번역일반을 연결하며, 3장에서는 번역 뿐 아니라 언어생활 전반에서 가장 중요한 '간결 명확' 즉, 언어의 경제성이 자막을 통해서 어떻게 나타나는지를 확인하며, 4장에서는 '간결 명확'을 위해 적극적으로 어떤 번역기법이 사용되고 있는지를 살펴본다. 5장은 메시지의 변화이다. '간결 명확'을 추구하는 과정에서 어떤 비용을 치뤄야 하는가를 살펴본다. '간결 명확'의 비용과 효익을 모두 이해한 뒤에야 그 의미를 더 잘 이해할 수 있기 때문이다. 6장에서는 실제 연구사례를 통해, 4장과 5장에서 배운 내용을 실제에서 관찰하는 요령을 배우고 동시에 학생들에게 간단하게나마 연구의 형식을 제시함으로써, 학(學)으로서의 통번역 연구방법의 일면을 보여 준다. 마지막 7장에서는 영화 여덟 편의 자막 일부를 제시하고, 자막의 양적 변화와 메시지 변화의 분석 사례를 제시한다. 나머지 공란은 해당 장(章)의 수업 후 연습문제로 활용케 함으로써 자막을 통해 번역의 실무와 이론을 기본적 수준에서 숙달, 이해시키고자 한다.

이 책을 통해 독자들이 번역의 중요성을 인식하고 번역의 재미를 느끼는 계기가 됐으면 좋겠다.

2008. 5월 저자.

c·o·n·t·e·n·t·s
Translating and Subtitling

제1장 번역이란 무엇인가? __ 11

- 제1절 • 번역의 중요성 ·· 11
- 제2절 • 번역의 정의 ··· 14
- 제3절 • 학(學)으로서의 번역 ································· 18
- 제4절 • 강의 방법 ·· 19

제2장 번역으로서의 자막 __ 22

- 제1절 • 자막의 정의 ··· 22
- 제2절 • 영상번역의 종류 ·· 24
  1. 주류 영상번역 ··· 24
  2. 비주류 영상번역 ··· 28
- 제3절 • 자막번역의 특징 ·· 30
  1. 다기호성 ·· 30
  2. 시간적 제약 ··· 33
  3. 공간적 제약 ··· 35
  4. 가독성 ··· 38
  5. 영상의 자막보완 ··· 44

c·o·n·t·e·n·t·s
Translating and Subtitling

제3장 자막의 양적 축소 __ 49

제1절 • 양적 축소의 의의 ································ 49
제2절 • 양적 변화의 측정 ································ 51
제3절 • 양적 축소와 층위 ································ 52
  1. 단어 층위에서의 축소 ···················· 53
  2. 문장 층위에서의 축소 ···················· 57
  3. 텍스트 층위에서의 축소 ·················· 57

제4장 양적 축소와 번역기법 __ 61

제1절 • 외연화 ·· 62
제2절 • 단어 층위별 번역기법 ·························· 66
제3절 • 문화적 관점별 번역기법 ······················· 74
  1. 외국화 (foreignization) ···················· 75
  2. 현지화 (localization) ······················ 80
  3. 중화 (neutralization) ······················ 82
  4. 생략 ··· 84

c·o·n·t·e·n·t·s
Translating and Subtitling

제5장 자막과 메시지 변화 __ 89

    제1절 • 정보의 변화 __ 90
        1. 정보량의 변화 ································· 90
        2. 정보구조의 변화 ····························· 93
        3. 유머의 변화 ··································· 96
        4. 등장인물의 비중 변화 ···················· 101
        5. 공손성의 변화 ······························· 103

제6장 자막의 축소에 대한 연구 __ 110

    제1절 • 연구목적 ······································ 110
    제2절 • 연구 내용 ···································· 110
        1. 대상 영화 ···································· 111
        2. 양적 변화의 측정 ························· 112
        3. 메시지 변화의 측정 ····················· 113
        4. 분석결과 ···································· 114
        5. 결론 ·· 136

제7장 자막분석 사례와 연습 __ 138

    • 참고문헌 ·· 167

제1장 번역이란 무엇인가

제1절 번역의 중요성

　통번역 입문 강의를 시작하면서 수강생들에게 제일 먼저 강조하는 것은 "번역은 중요하다"라는 점이다. 이때의 번역은 통역까지 모두 아우르는 말이지만, 아무래도 글을 주로 다루는 협의의 번역에 더 힘이 들어가는 것이 사실이다. 강의자로써 자기 과목이 중요하다거나 학자로써 자신이 연구하는 학문이 중요하다고 강조하는 것은 언뜻 새로운 의미는 없어 보인다. 경제학자는 세상사를 경제학적 또는 경제적 관점에서 해석하며, 법학자도 마찬가지로 세상사를 법적 프레임에서 관찰하고 해석하려 하기 때문이다. 어느 다른 과목과 학문도 마찬가지일 것이다.
　그러나 번역이 중요한 이유는 좀 더 근본적인 데에서 찾아야 한다. 먼저, 우리가 초, 중, 고, 대학에서, 배우는 많은 것들은 번역된 것들이라는 점이다. 중고등학교 때 배우며, 외우고, 감동했던 유명한 외국 시들도 누군가의 번역에 의한 것이다. 자연과학의 대부분, 그리고 학문이라는 이름을 갖고 있는 대부분의 분과 과목들도 역시 번역에 의해 초창기에 한국어로 알려지고, 또 연구됐다. 오늘날에도 많은 학자들이 앞다퉈 외국에 나가 공부하고 돌아와서 소개하는 새로운 이론과 방법들도 모두 번역에 의해 한국어로 소개되는 것은 예나 지금이나 마찬가지다. 당장 여러분들이 조금 전까지 읽던 책도 주제와 분야에 관계없이 그 또한 번역 '작품'일 확률이 매우 높다.

우리는 저자 이름은 알아도 역자 이름에는 관심이 없다. 번역자가 어떤 관점에서 어떤 전략으로 번역했는지는 더욱 관심이 없다. 그것이 오역인지의 여부에는 애당초 의심도 하지 않았다. 그러면서도 우리들은 그 번역판을 읽고, 외우고 또는 감동해왔고 앞으로도 그럴 가능성이 높다는 것이다.

둘째, 문화적 측면에서도 번역은 우리의 문화에 큰 영향을 미치고 있다. 영화, 소설, 상품 등을 알리고 전달하는 데 있어 번역의 역할을 너무도 일상적이어서 그 존재가 느껴지지 않을 정도이다. 실용번역이라는 범주에 의해 다루어지는 번역물의 양은 거의 모든 일상에 관여하고 있다고 해도 과언이 아닐 정도이다. 글로벌 시대에 있어 어떤 명칭으로 불리든 번역은 공식적, 비공식적, 학술적, 실용적 분야의 커뮤니케이션 수단 중 단연 으뜸을 차지하고 있다.

셋째, 번역은 웬만하면 누구나가 해본 경험이 있는 보편적 행위이기도 하다. 물론, 이럴 때의 번역은 "영한번역"을 의미할 때가 대부분이다. 사실 번역의 역사는 바벨탑의 전설만큼 오래된 행위 또는 직업이다. 번역과 매춘은 가장 오랜 역사를 가진 직업이라는 말까지 있을 정도이니까.

넷째, 번역은 개방이다. 오늘날 '개방'하면 주로 시장개방이 연상되지만, 시장개방이 상품의 유통이라는 물질적 측면에 치중하는 것이라면, 일반적인 '개방'은 바로 문화의 개방이요, 문화의 개방은 구체적, 기술적으로는 '번역하기'이다. 메이지 유신으로 대표되는 일본의 대외 개방도 결국은 번역하기이며, 구한말의 쇄국정책도 이런 관점이라면 번역 '안 하기'이다. 번역하기와 번역 안 하기는 문화 뿐 아니라 때로는 경제적으로도 엄청난 차이를 초래할 수 있는 것이다.

번역이 이토록 중요함에도 불구하고, 번역을 그저 남의 말과 글이나 옮기는 수동적이고 부수적인 행위에 불과하다는 편견의 역사도 번역의 역사만큼 길다. "번역은 중요하지 않다"는 인식과 편견은 오늘날에도 정도의 차이는 있을지언정 여전하다. 외국어, 특히 영어 교육이 지나칠 정도로 강조되는 오늘에도, 외국어는 외국어로 공부해야 한다는 오리지널 우월주의(보다 노골적으로는 사대주의)로, 번역의 위상은 외국어 교육의 수단 정도에서 그친 채 별반 나아진 양상을 보이고 있지 않다.

번역을 배운다는 것은 최소한 두 개의 문화와 두 개의 언어를 배운다는 의미다. 하나의 문화를 이해하기도 어려운데, 두개의 문화를, 하나의 언어를 숙달하기도 어려운데, 두개의 언어라니……. 따라서 진정한 번역사가 되려면, 2-30년을 준비해야 하고, 따라서 40줄은 돼야 번역사라며 명함을 내밀수가 있는 것이다(Castellano, 1988).

다행히 최근 약 20여 년 동안 이 분야 전문 대학원들이 생겨나면서 통번역에 대한 교육이 제도권 내로 진입하고 있으며, 통번역이 다루는 과목의 범위도 확산되는 추세를 보이고 있고, 대학원에서 뿐 아니라 학부 교과과정에서도 통번역 교육의 비중과 그 빈도가 증가하고 있다. 그러나 아직도 번역은 직업훈련으로서 외국어 표현을 암기하고 정확도와 순발력을 기르는 '기술'에 집착하고 있으며 번역 대상도 실용텍스트에 국한되고 있고, 해당 외국어만 잘하면 누구나 다 잘 할 수 있는 능력으로 인식되어 있다.

　요컨대 번역은 중요하다. 우리 일상과 학문과 그리고 문화 등 온갖 영역에 그 영향력을 발휘하기 때문이다. 번역은 특정학과 내지는 전공의 특수영역이 아닌 진정한 지식인이 되기 위해서라면, 글로벌 인재가 되기 위해서라면 누구나 이해하고 적용해야 하는 기본적인 교양과목이며 철학인 것이다. 우리가 외국의 것을 더 잘 이해하고 그들과 교류하고 나아가 우리의 것을 세계와 공유할 수 있기 위해 가장 먼저 필요한 것이 번역이요, 번역에 대한 철학인 것이다.

제2절 번역의 정의

　첫 수업 첫 시간에 번역에 대해 수강자들에게 질문한다. 너무나 대답이 뻔할 것 같은 번역의 의미 내지는 정의를 수업 첫 시간에 따지는 이유, 즉 논의의 실익은 무엇인가? 대다수의 학술적 저작들이 책의 서두에 "……란 무엇인가?"를 정의하는 단순한 관행 때문인가? 아니다. 이유는 바로 수강자들의 답변 안에 있다. 수강자들의 답변은, 가장 무식한 "우리말을 영어로 해석하는 것"부터, 기껏해야 "외국어를 우리말답게 자연스럽게 바꾸는 것"까지 정도이다. 나 또한 이런 수준의 대답을 은근히 기대한다. 거기서부터 출발하는 것이 오히려 하얀 도화지에 그림을 새로 그리듯 깔끔하기 때문이다.

　학생들의 답변을 근거로 기저에 깔려 있는 고정관념을 살펴보자. 먼저 '원문(이하 출발어 source text: ST 라고 부르기로 한다)은 영어'라는 고정관념이다. 아마도 어렸을 때부터 영어공부를 해야 한다는 주변의 요구와 강박관념이 의식 속까지 녹아들어가 외국어의 대명사가 영어가 된 듯하다. 다음, '번역문(이하 도착어 target text : TT라고 부르자)은 한국어'라는 고정관념이다. 외국어는 영어 외에도 얼마든지 있다고 의식하는 학생들조차 번역의 TT를 한국어로 전제하고 있다는 사실은 우리가 문화나 정보 또는 학문에서 항상 수입국이라는 소극적인 의식에 기인한 것이 아닌가하는 우려가 든다. 중고등학교 영어시간에 한국어를 영어로 '번역'하는 것을 '영작'으로 배워온 학생들에게 이러한 번역의 일방성은 오히려 자연스럽기까지 하다.

번역에서 출발어는 세상 어떤 나라 말도 될 수 있다. 도착어도 마찬가지이다. 번역의 의미를 확장하면, 출발어가 반드시 '언어'일 필요도 없다. '그림' '소리'일 수도 있고, '숫자'일 수도 있고 심지어 '냄새'나 '촉감'일 수 도 있다. 누구나 사용하고 갖고 있는 PC는 '숫자'를 ST로 해서 '소리', '문자', '그림' 등의 다양한 기호[1]로 바꿔 주는 '번역기'라고도 할 수 있다.

'언어지금까지 '번역'이란 용어는 세 가지 종류의 대상을 혼용한 말이었다. 첫째, 學으로서의 번역(즉, *번역학 translation studies* 또는 *TS*), 그리고 둘째, 결과물(product)로서의 번역(즉, *translated text* 또는 *번역物*), 마지막으로 행위로서의 번역(*translating*)이다. 이제 그 중에서 행위로서의 번역(*translating*)의 정의를 내려 보자.

> 한 언어에 담긴 언어 문화적 메시지를 적절히 가공해 다른 언어로 전이하면서 메시지의 변화를 극소화하는 언어 경제적 행위이다.

---

[1] 미래에 기술이 더욱 발전하면 컴퓨터는 숫자로 된 ST를 '맛' '냄새' '촉감'이라는 새로운 형태의 기호로 된 TT를 만들어 낼 수 있을 것이다.

번역은 정보공학이다. **한 언어**에 담긴 **언어 문화적 메시지**를 적절히 **가공해 다른 언어**로 전이하면서 **메시지의 변화**를 극소화하는 **경제적 행위**이기 때문이다. 광의의 번역을 정의하려면, '언어'를 '기호'(signs)로 대체하면 된다. 본서에서는 협의의 번역을 다루므로 대표적 '기호'인 언어만을 대상으로 하기로 하자. '메시지'란 커뮤니케이션의 객체이다. 전달하고자 하는 '알맹이(contents)'인 것이다. 메시지란 사실 정보를 포함해, 특정 감정, 화자의 의도, 뉘앙스 등을 포함하는 복합적 개념이다. 번역은 '가공'이다. 번역은 운송업보다는 제조업에 가깝다. 번역은 원작은 아니며, 원작일 수 없으며, 그리고 원작일 필요도 없다. 번역이 원작일 수 없다는 '한계'를 아는 것이 중요한 게 아니라 번역은 원작일 필요가 전혀 없다는 '재량'을 아는 것이 훨씬 더 중요하다. 번역은 '제2의 창작'이기 때문이다. 때로는 '제1의 창작'인 원작보다 '제2의 창작'인 번역이 더 유명해지는 경우[2]도 있다. 시인의 손을 떠난 시가 독자의 해석에 맡겨지듯, 저자의 손을 떠난 텍스트의 의미는 번역사의 재량과 역량에 의해 해석되고 재창조되는 것이다.

번역에는 '다른 언어'가 개입한다. 최협의의 번역에서는 동일 언어 간의 전이행위도 포함하지만, 본서에서는 두 개의 언어가 관련되는 '언어 간 번역'을 다루므로 번역 텍스트는 '다른 언어'이어야 한다.

'메시지의 변화'는 메시지의 '증가', '감소', 그리고 '변화'를 포함하는 개념이다. 번역은 메시지의 양적, 그리고 질적 변화를 극소화하는 행위이다. 메시지는 언어 자체가 주는 메시지와 문화(협의로는 '문맥'이다)가 주는 메시지로 구성된다. '1+1=2'라는 문장(정확히는 '수식')

---

[2] 프랑스 소설작가 베르나르 베르베르의 소설은 프랑스에서보다 한국에서 더 높은 인기를 누려왔다. 이런 인기를 반영해 저자는 최근작에서 아예 한국인을 주요등장인물에 포함시켰다고 한다(중앙일보, 2008.4.26).

이 주는 언어 자체의 메시지는 누구나가 이해하는 산식(算式)에 불과하지만, 문맥에 따라서는 '노력한 만큼 결실을 얻는다' 또는 '융통성 없는 사람' 등을 의미할 수 도 있다.

번역은 '언어 경제적' 행위이다. 번역은 '메시지'를 가공, 전달하는 실질적 기능을 성공적으로 수행하면서 동시에 번역문의 길이가 지나치게 길어지지 않도록 관리하는 형식적인 작용도 포함된다.

번역에서의 전달매체는 말과 글이다. 말로 하는 번역은 특별히 '통역'이라고 부르기도 한다. 말이나 글이나 언어라는 점에서는 매한가지다. 번역에는 그림, 손짓, 발짓 등 언어가 아닌 다른 종류의 기호도 포함될 수 있다. 따라서 번역을 **최광의(最廣義)로 정의하면, 번역이란, 한 종류의 기호를 다른 종류의 기호로 바꾸는 행위**이다. 수화통역사란 말을 들어보았는가? 수화통역은 연사의 말을, 즉 말로 된 ST를 수화통역사의 손짓이라는 TT로 전달하기에 '통역'이라고 부를 수 있는 것이다. 이렇듯 최광의로 번역을 정의하면, 우리가 전통적으로 '번역(또는 통역)'이라고 부르지 않는 다양한 행위들도 포함될 수 있다. 악보를 보고 피아노를 연주하는 행위도 번역이다. '악보'라는 기호(음악의 문외한인 사람들은 악보를 '콩나물 대가리'라고 부르기도 한다)를 ST로 해서 '소리'라는 TT를 만들어 내기 때문이다. 즉, 연주가도 최광의의 번역자인 것이다. 환자의 몸에 청진기를 대고 정확한 환자의 몸 상태를 진단하는 의사 역시, 환자 몸속의 '소리'를 ST로 해서 진단서라는 TT를 만드는 최광의의 번역자인 셈이다. 이러한 최광의의 번역 개념은 번역이라는 행위 내지는 학문의 지평과 가능성을 넓히는 역할을 한다는 의의는 있지만, 번역의 현실적인 문제를 해결하고 구체적인 번역전략을 논의하는 데는 별 도움이 되지 않는다. 본서에서는 협의의 번역(그래도 통역은 포함된다)에 초점을 맞추되, 최광의의 번역개념은 그러한 개념이 실제

번역에 투영된 사례를 논의하는데 국한한다. 참고로, Jacobson(2000)에 따르면, 최협의(最狹義)의 번역은 동일언어 내에서의 말 바꾸기이다. 우리가 흔히 쓰는 표현 중, '쉽게 말하면', '이를테면', '환언하면' '한마디로 말해서' 등이 이러한 최협의의 번역이 시작됨을 알리는 신호라 할 수 있다. 따라서 우리가 말하는 '번역'은 최광의와 최협의를 배제한 제한적인 번역개념[3]에 해당한다.

제3절 학(學)으로서의 번역

'충실한 번역'이 되기 위해서는 위에서 분설한 번역의 정의를 최대한 충족해야 한다. 번역의 각각의 속성에 각기 다른 가중치를 부여하는 번역학자 또는 언어학자들이 각기 다른 가중치에 대한 타당성을 체계적으로 주장한 것이 '번역이론'이다. 특정 속성에 대해 유사한 가중치를 부여하는 학자들을 '학파'라 부르고, 그 중 설득력이 일반적으로 인정되는 학파를 '주류학파' 그렇지 못한 학파를 '비주류학파'라고 부르는 것이다. 이러한 논의가 활발히 전개되어 학술대회가 정기적으로 개최되고 해당 분야의 연구자가 어느 정도의 수적 규모에 이르고, 다른 학문과의 차별화가 이루어지면서 번역 이론은 '번역학'이라는 위상을 갖게 되었다.

번역학에서의 이론 정립은 상당히 귀납적이며 선험적이다. 실무를 직접 담당하거나, 기존의 번역물에서 얻은 관찰이나 경험을 토대로 한 것들이 대부분이기 때문이다. 이런 추세에 따라 번역학에서는 크게 두

---

[3] Jacobson의 정의에 따르면, '언어 간 번역(interlingual translation)'에 해당한다.

가지의 흐름이 형성된 듯하다.

하나는, 번역은 '저자'의 의도에 충실해야 한다는 것이며, 다른 하나는 '독자'에게 충실해야 된다는 것이다. 역사적으로 번역은 전자, 즉 저자의 의도에 충실해야 할 것이 강조된 듯하다. 현대로 오면서, 절대적이고 불변인 또 때에 따라서는 불가지적[4]인 저자의 의도보다는, 문맥과 독자의 눈높이라는 상대성이 강조되면서 번역학의 무게중심이 저자에서 독자로 옮겨지고 있다. 방법론적으로 볼 때, 저자 중심 번역은 글로 나타난 외형에 근거해야 한다는 관점에서 직역(word for word)을 선호하고, 독자 중심 번역은 행간의 의미인 문맥에 근거해야 한다는 관점에서 의역(sense for sense)을 강조하는 경향을 보인다.

제4절 강의 방법

이 강의는 통번역 입문이라는 강의 명에 걸맞게, 커뮤니케이션 행위로서의 번역에 대한 이해를 증진시키기 위해, 경제적인 커뮤니케이션에 역점을 둔다. '경제적'이라 함은 가장 적은 양을 투입해 최고의 효과를 노린다는 것이다. 따라서 경제적인 커뮤니케이션이란 최소 분량의 어휘를 사용해 ST의 메시지를 최대한 TT에 전달하는 것이다.

번역은 어렵다. 종류에서만도, 글로 하는 협의의 번역, 말로 하는 통역으로 양분되어 그 각각이 별도의 전공으로 취급될 만큼 이론과 연습의 양과 성격이 다를 뿐 아니라, 통번역을 다시 방향에 따라 한영, 영한

---
[4] 구전기록인 성경이 대표적인 예가 될 것이다. 다양한 해석의 가능성으로 인해 성경은 역설적으로 번역학의 탄생에 매우 크게 기여한 텍스트 중의 하나가 되었다.

으로 나누면 두 언어가 담고 있는 두 개 문화의 상대적 영향력에 따라 전혀 다른 번역 전략을 사용해야 하는 등 방향은 번역에 매우 큰 영향을 미친다. 그 뿐만이 아니다. 통역에서는 동시성(synchronism)의 여부와 정도에 따라 문장구역, 순차통역, 동시통역, 수행통역으로 나뉘는데 이럴 경우, 통역 분야의 개별 과목만 해도 모두 12개에 이른다.

이렇듯 다양한 과목들을 맛보기 식으로 통번역 입문에서 모두 다룰 경우, 실질적으로 한 학기에 열두 번 내외의 정규수업이 있음을 감안할 때 한 주당 한 개 씩을 커버해도 벅찰 지경이다.

따라서 저 학년생을 대상으로 하는 '통번역입문'에서 학생들로 하여금 통번역현상을 비교적 종합적으로 관찰하게 하고 동시에, 통번역입문을 흥미로운 수업으로 만들기 위해서는 기존의 텍스트나 스피치 위주의 통번역 수업과는 사뭇 달라야 한다고 생각한다. 돈벌이 수단으로서의 스킬 배양만을 위한 통번역이 아닌 문화와 정보를 전달하는 전문인으로서의 의식과 소양을 배양하고, 굳이 통번역사가 될 생각이 없는 학생일지라도 대학의 기본소양으로써 번역의 중요성을 인식하고, 대학 졸업 후 번역 실무 기회를 갖게 되었을 때 현실적인 번역 관련 문제를 해결하고, 자신이 만든 번역이 갖는 의미를 이해하고 책임을 질 수 있는 최소한의 양심을 가진 번역물을 만들게 하기 위해서라도 조금 다른 각도에서 통번역입문을 접근할 필요가 있다.

동급생간의 크리틱이나 교수가 제시하는 '모범' 답안에 의존함으로써 지나친 경쟁의식과 도제식 교육에 치중하는 것은 입문과정에서는 적절하지 않다. 번역이론의 주요무대가 되는 문학번역을 교실에서 배제하는 것도 역시 바람직하지 않다. 전문 번역사들이 만든 실제 번역물에 대해서도 건설적 비판적 시각을 갖게 함으로써 우회적으로 자신감을 고취시킬 필요도 있다. 번역이 '제 2의 창작'이라는 번역자로서의 개입 의지도 고취시킬 수 있어야 한다. 이러한 문제의식 하에 본서에서는 영화자막을 이용한 통번역 입문 강좌를 시작하고자 한다.

영화자막[5]은 세 가지 면에서 번역 실무와 번역학에 대한 다양한 통찰을 제공한다. 첫째는, 대중성이다. 인류 역사상 가장 대중성 있는 매체 중 하나인 영화를 대상으로 하는 영화번역은 대중문화의 중개자(mass-cultural mediator)로서 이해가능성이라는 측면이 크게 강조된다. 둘째는, 언어의 경제이다. 언어의 경제는, 이해가능성의 파생개념이라고도 볼 수 있지만, 영화번역만큼 확연하게 개개의 문장이 시간과 공간의 제약을 받는 번역은 드물다는 점에서, 언어의 경제는 영화번역에서 특별히 더 강조된다. 셋째, 영화번역은 번역에서 중요시하는 문화적 요소가 번역에 그대로 투영된다.

---

[5] 이하, '영화번역', '자막번역', '자막' '영상번역' 등의 용어를 문맥에 따라 혼용하지만, 모두 자막과 같은 의미다.

제2장 번역으로서의 자막

제1절 자막의 정의

자막(subtitle)은 스크린 상에 뜨는 문자이다. 자막은 영화관에서만 볼 수 있는 것은 아니다. TV도 스크린이고 PC 모니터도 스크린이다. 기타 영상을 보여주는 모든 평면은 스크린이다. 그렇다면 스크린의 수는 최소한 TV나 PC의 숫자만큼이나 많아졌다고 말 할 수 있다. 자막이 번역(학)의 영역에서 더 이상 특수한 주제 가 아닌 보다 일반적이고 보편적인 것으로 변한 이유도 스크린이 많아졌다는 데에서 찾을 수 있다. 과거 활자로 정보를 전달하던 시대에서 이제 영상을 통한 정보 전달로 정보전달의 양과 속도는 과거와 비할 수 없이 증가했다. 자막은 이러한 영상을 보조하여 또는 영상과 협력하여 정보를 전달하는 매우 중요한 매체로 등장한 것이다.

자막이 번역을 설명하는 도구로써 매력적인 이유는 역설적으로 그 제약 때문이다. 자막이 갖는 제약은 크게 양분해 시간적 제약과 공간적 제약으로 나눌 수 있다. 자막이 갖는 제약은 일반번역[1]을 설명하는 데에 있어 매우 유용하다. 자막번역이 아닌 일반 번역에서도 자막과 마찬가지로, 물론 정도의 차이는 있지만, 시간적 제약과 공간적 제약이 존재하기 때문이다.

일반번역에서 시간적 제약이란 번역 납기의 마감일이다. 납기가 촉박할수록 수준 높은 번역을 기대할 수 없다는 원칙론에도 불구하고 오늘날의 번역시장은 시간과의 싸움이 보편화되고 있다. 누가 먼저 번역하느냐가 판매부수와 직결되는 상황이 많기 때문이다. 흔히들, 번역사 하면, 한가로이 전원에서 자택근무하면서 원하는 시간에 느긋하게 작업하는 목가적 분위기를 연상하지만, 그러한 모습은 더 이상 현실과 맞지 않는다.

일반번역에서의 공간적 제약이란, 번역물의 쪽수를 의미한다. 원저가 200 쪽이라면, 번역물로도 이와 비슷한 분량을 유지해야 한다. 원저보다 훨씬 두꺼워진 책을 원가부담 등의 이유로 출판사가 바라지 않고, 독자 역시 두꺼운 책을 부담스러워 한다.

자막이 갖는 시간적, 그리고 공간적 제약은 일반 번역에서 보다 훨씬 구체적이고 미시적이다. 자막번역에서 공간적 제약은 자막에 대응하는 특정 영상의 지속시간이며 이는 보통 2-3 초에 불과할 때가 대부분이다. 공간적 제약 역시 구체적이고 미시적이어서 한 번에 뜨는 자막의 숫자는 15자 내외 그리고 행수로는 한 줄이 선호되고 두 줄을 초과할 수 없다. 영화사에 따라서는 한 줄 자막을 철칙으로 삼기도 한다. 자막 한 줄 한 줄이 ST와 영상을 종합 해석한 후에 만들어진 결과물이라는 점에서 자막번역은 '한 줄로 된 번역'인 셈이다. 자막 한 줄이 독립적인 번역물인 것이다. 그러나 자막번역사는 자막 한줄 한 줄에 무한정의

---

[1] 출판번역이라고도 하며, 쉽게 말하면 '책' 번역이다.

시간과 정력을 쏟아 부을 수는 없다. 영상으로 빨리 돌아가야 하는 관객의 시선을 최단 시간 동안 붙잡되 ST와 그에 대응하는 영상이 주는 메시지는 최대한 담아내야 하기 때문이다. 자막과 ST를 같지만, '말로 된 TT를 만드는 작업을 '더빙'이라 한다. 자막과 더빙은 '영상번역'의 대표적인 두 가지 형태이다.

제2절 영상번역의 종류

발성영화 시대 이후 영상번역의 가장 보편적 형태는 앞서 언급했듯, 자막과 더빙 두 종류였다. 그러나 영상번역의 역사를 보면 영상과 직접 또는 간접적으로 관련되는 기술의 발전과 다양한 스크린의 등장으로 인해 영상번역의 종류는 매우 다양해지고 있다.

Gambier(2003)는, 다양한 영상번역의 종류와 특징을 체계적으로 정리한다. 그는 영상번역을 크게 '주류(dominant)'와 '비주류(challenging)'로 구분하고 있는데, 비주류 영상번역의 특징은, 새로운 기술의 등장과 함께 나타난 다양한 신종 영상번역들을 포괄하고 있으며, 이 중에는 기존의 번역/통역의 경계선까지 모호하게 하는 종류들도 있다. 그의 영상번역 분류는 영상 정보 시대에 영상번역의 위상과 역할의 중요성을 우회적으로 잘 보여주고 있다.

1. 주류 영상번역

(1) 자막

1929년 최초의 유성영화가 선보인 이래, 영화번역(film translation)의 가장 보편적인 형태는 자막(subtitles 또는 caption)과 더빙(dubbing) 두 종류였다. 자막은 발화, 글로 된 텍스트, 영상, 음향 등 다양한 종류의 기호를 ST로 한다는 점에서, 한 언어의 텍스트에서 다른 언어의 텍스트로 수평 이동하는 일반번역과는 뚜렷한 차이를 나타낸다.

그러나 자막번역이 기존의 번역의 개념으로 정의되지 않는, 예측되지 못한 전혀 새로운 분야는 아니다. Jakobson(1959)은 번역을 광의와 협의로 구분하면서, 협의의 전통적 개념의 번역을 '언어 간 번역'으로, 또 영상, 음향 등 비언어적 기호가 개입된 번역을 '기호 간 번역'으로 구분함으로써 번역의 개념을 확장했다. 이러한 분류에 따르면, 자막번역은 기호 간 번역에 해당한다.

(2) 더빙

반면에 더빙은, 발화 중인 배우의 입모양에 맞춰 TT 성우의 음성을 덧씌우는 작업이다. 더빙이 자막과 근본적으로 다른 점은 자막번역은 발화 ST를 글로 된 TT로의 기호전환을 다루지만, 더빙은 발화 ST를 역시 발화 TT로 기호전환을 한다는 점이다. 이로 인해 더빙용 TT를 발음하는 성우의 발음과 ST 배우의 입모양은 최대한 일치해야 하는 동시성(synchronism)이 특히 강조된다. 동시성에 대한 관용도(tolerance)는 국가별로 다르게 나타나기도 한다. 예를 들면, 이탈리아 시청자들은 미국 시청자보다 동시성(synchronism)에 있어 보다 더 관대한 것으로 나타났다.

자막 또는 더빙에 대한 선호는 언어권 별로 다양하고, 국가별로 정부의 정책, 소요예산, 관객의 기호 등 다양한 요소에 의해 영향을 받는다.

중국의 경우, 높은 문맹률 등으로 과거 더빙이 선호됐고, 미국의 경우 자막 영화를 보기는 매우 힘들다(Danan, 2004). 반면, 타이완에서는 법에 따라 외국영화는 반드시 자막을 넣도록 의무화되어 있다(Chen, 2004). 유럽에서는 자막영화가 보편적이어서, 일부유럽에서의 높은 영어구사능력의 원인으로 자막영화가 거론되기도 한다((Danan, 2004).

자막과 더빙은 ST의 TT에 대한 간섭에 있어서도 그 정도가 다르다. 먼저 더빙의 경우, ST의 문화 특정적 표현을 TT문화에 동화시키는 현지화 기법이 빈번하고, 또 성우가 기용되므로 TT 관객은 ST 배우의 발화가 아닌 TT 성우의 발화만을 듣게 되므로 더빙이 번역이라는 것을 잠시나마 잊고 TT 문화에 친숙한 억양, 음성 그리고 표현으로 영화를 관람할 수 있다. 이런 맥락에서 더빙은 문화적 충격을 최소화한다. 그러나 한편으로는 ST 배우의 발화가 완전히 사라진다는 특성 때문에, 더빙을 영화에 대한 정부의 검열 수단으로 보는 시각도 있다.

자막은 문자로써 스크린 하단에만 얹힐 뿐 ST 배우들의 음성, 음악 기타 영상 등이 관객에게 고스란히 전달됨으로써 관객은 자막이 번역이라는 것을 계속 상기하게 된다. 바로 이러한 점이 자막을 선호하는 이유가 되기도 한다.

Widler(2004)에 따르면, 극장입장객을 대상으로 조사한 결과, 과반수가 자막 영화가 언어습득에 도움이 된다고 응답했으며, 일부(16%)는 자막영화 관람의 목적이 바로 언어습득에 있다고 응답했다. 그는 또한, 자막 영화 관람자의 과반수가 대졸 이상의 학력이었다고 보고하고 있다. 이렇듯, 자막/더빙 선호는 여러 가지 요소가 개입되 복잡한 양상을 나타낸다.

그러나 자막과 더빙에 대한 선호는 관람자의 의지에 관계없이 어려서부터 어떤 형식에 더 많이 노출되었느냐에 따라 결정된다고 보는 시각도 있다(Luyken, 1999). 자막 또는 더빙에 대한 선호는 후천적으로 학습될 수도 있다는 것이다.

동일한 영화를 더빙으로 듣는 것과 자막으로 읽는 것이 어떤 감흥의 어떤 차이를 유발하는가에 관한 연구는 심리학의 영역으로 들어가는 것이다(Gottlieb, 1992) 이 분야에 대한 연구는 대부분 표출된 관객의 행동(overtly behaviorist aspects)에 근거하고 있어 인지적, 언어적인 연구는 아직 걸음마 단계(infancy)에 머물러 있다.

(3) 보이스 오버(voice over, VO)

보이스 오버(이하, VO)는 ST 발화 음향을 최소로 하고 그 위에 TT 발화를 그 위에 덮어씌우는 작업이다. "반(半) 더빙"이라고도 불리듯 더빙과 자막의 특징을 모두 갖고 있다. 더빙이 발화자의 입모양이나 발화 타이밍에 맞추는 동시성을 특징으로 하는 등 연출적 요소가 강한데 비해 VO는 그렇지 않다. VO는 화면 밖에 있는 사람의 목소리이기 때문이다(Boggs, 1991). 또한, 자막의 경우에서처럼 ST 발화를 관객이 어느 정도 들을 수 있기 때문에 VO는 자막과 더빙의 특징을 모두 갖춘 중간 형태라 할 수 있다. VO는 다큐멘터리 등 ST 발화자가 화면에 등장할 필요가 없는 상황, 영화가 일인칭 전지적 시점에서 묘사될 경우에 자주 쓰인다. 또한 인터뷰처럼 발화자가 화면에 등장하더라도 연출적 요소보다는 의미전달이 보다 중요할 때 사용된다. 뉴스보도나 다큐 프로그램에서 자주 쓰이는 기법이다. 러시아나 폴란드에서 선호되는 방법으로 일반적으로 영화보다는 TV에서 자주 사용된다. 요컨대 VO는 자막과 더빙에 비하면 상대적으로 '비주류' 영상번역 기법인 셈이다(Film Encyclopedia, 2007).

2. 비주류 영상번역

비주류 영상번역의 범주에서는 기존의 통역과 번역의 구분과 한계를 넘나드는 다양한 형식들이 등장하고 있다. Gambier는 비주류 영상번역의 종류를 다음과 같이 분류한다.

(1) 시나리오/스크립트 번역

공동제작을 위한 재정 지원이나 보조금을 받기 위해 필요한 번역이다. 보통 편집과정을 거치지 않는 것이 특징이다.

(2) 동일 언어 간 자막처리(intralingual subtitling)

청각장애인을 위해 등장인물의 발화를 자막으로 전환해 화면에 보여준다. '번역은 서로 다른 언어 간의 의사소통'이라는 기존의 정의를 넘어선 새로운 번역형태다.

(3) 동시 자막처리

화자의 발화가 동시에 번역돼 자막으로 나타난다. 기존 동시통역과 유사하며 다른 점은 TT가 발화가 아닌 글로 된 텍스트로 나타난다는 점이다. 따라서 '통역은 발화를 대상으로 하고 번역은 글로 된 텍스트를 대상으로 한다'는 기존의 정의는 수정돼야 한다.

(4) Surtitling

오페라 등에서 무대 위의 스크린에 배우의 대사를 자막으로 띄우는 기법이다.

(5) 음성해설(Audio Description)

시각장애인을 위해 화면상의 더빙에 추가해 영상정보를 음성으로 해설 설명하는 기법이다. 동일 언어 간일수도 있다. 한국에서도 복지단체의 후원으로 일부 영화 제작사들[2]이 이른바 '화면해설영화'를 제작하고 있다.

Gambier의 분류는 영상번역에 통역과 번역까지 아우를 뿐 아니라 심지어 자유논평, 각색과 리메이크까지 포함하고 있다. IT 등 첨단 미디어 기술의 발전으로 '글로 하는 번역'과 '말로 하는 통역'이라는 이분법적 고정관념으로는 새로이 등장하는 미디어와 그에 따른 영상번역을 일일이 규정하기가 어렵게 되었다. 이런 추세로 미루어, 영상번역은 번역 실무와 번역 연구에 있어서 새로운 그리고 또 중요한 연구과제로 부상하고 있고 앞으로도 IT와 영상 기술의 발달과 함께 그 비중은 더욱 커질 것이다. 그러나 아직 영상번역에 대한 실무와 연구는 과거와 크게 다르지 않아 주로 자막과 더빙을 대상으로 한다.

---

[2] 실로암 시각장애인 복지관은 2007년 상반기에 다음세대재단의 지원으로 CJ엔터테인먼트와 저작권이 협의된 '마파도', '살인의 추억' 등 12편을 제작했다(YTN 뉴스. 2007. 7.15).

제3절 자막번역의 특징

자막번역의 특징은 크게 형식적과 실질적인 면으로 구분할 수 있다. 형식적 측면에서는, ST의 기호형태가 등장인물의 발화 등 언어적 기호뿐 아니라, 영상, 음향 등 비 언어적 기호를 동시에 포함한다는 점이다. 실질적 측면에서는, 자막번역의 목적은 엔터테인먼트라는 점이다. 영화의 다기호성은 시간적/공간적 제약으로 나타나고, 영화의 엔터테인먼트적인 속성인 자막의 가독성으로 나타난다.

1. 다기호성

영상 등 다양한 기호와 순수한 의미의 언어를 포괄해야만 하는 것은 자막번역의 장점이자 단점이다(Giovanni, 2003). 단점에 해당하는 것은 자막의 제반 제약조건이며, 장점은 영상의 보완작용으로 대표된다.

일반번역의 경우 ST가 글로 된 텍스트이며 TT 역시 글로 된 텍스트이므로 다른 기호가 개입될 여지는 거의 없다[3]. 자막은 일반 번역과 달리 장면별로 나뉘어 문장 단위 또는 구 단위로 화면 위에 영상과 함께 나타난다. 일반 번역에서처럼 글로 된 텍스트가 정보 전달 기능을 전적으로 책임지는 것이 아니라, 자막은 영상과 그 기능을 분담하거나 또는 보조 역할을 수행한다(Fong, 2001).

Gottlieb(1998)는 텍스트를 단일기호 텍스트(monosemiotic)와 다중기호(polysemiotic) 텍스트로 양분하고, 다중기호 텍스트의 번역작업에는

---

[3] 전혀 없는 것은, 아니다. 글로 된 텍스트 형식의 ST가 TT에서 그림(삽화)으로 바뀌는 기호간 번역기법(Baker, 1992)도 생각할 수 있기 때문이다.

주로 영상과 음향이 개입되며, 이에 따라 TT가 제약되거나 보완된다고 한다. ST와 TT가 같은 종류의 기호일 경우를 동종 기호간 번역(isosemiotoc translation)이라 하고, 다른 기호로 이루어져 있는 경우는 이종 기호적 번역(diasemiotic translation)이라고 부르면서, 영화번역을 '대각선 방향의 번역'(Gottlieb, 1994), '2차원적인 번역', 또는, '말로 된 ST에서 글로 된 TT로의 횡단'이라고 부른다. 또한 영화 번역을 ST가 TT가 함께 제공되면서, 동시성이 요구되는 '동시적 이종 기호적'(synchronous and diasemiotic) 번역으로 분류하고 있다.

영상번역에 있어 ST는 보통 네 가지 종류의 기호로 나뉜다(Lomheim, 1993).

(a) 언어적 음향: 전형적인 ST로 영화의 경우 배우의 발화이다.

(b) 비언어적 음향: 언어로 표현할 수 는 없는 인간이나 동물이 내는 소리이다.

(c) 언어적 영상: 글자가 영상의 일부로써 비춰진 것이다.

(d) 비언어적 영상: 일반적인 영상[4]을 의미한다.

따라서 자막번역자는 네 가지 종류의 기호를 동시에 고려해야 한다. Gottlieb에 따르면, 네 가지 기호를 전달함에 있어 더빙과 자막번역은 다른 양상을 보인다. 즉, 더빙은 네 가지 채널을 전부 같은 비중으로 전달하는데 비해, 자막은 (1) 언어적 음향을 (2) 언어적 영상으로 전환하는 과정이라는 것이다.

자막번역의 특징의 많은 부분은, 영상과의 보완작용과 그로 인한 제

---

[4] Gambier(2003)는, 자막에도 휴대전화 문자와 컴퓨터 채팅처럼 아이콘이 등장할 것이라고 예측하고 있다.

약과 밀접히 연관돼있다. 복합적인 현상으로서 모든 번역에는 제약이 따르지만(Venuti, 1999), 영화번역의 경우 그 제약은 일반번역보다 더 미묘하고 복잡하다(Bogucki, 2004).

영화번역에 있어서의 제약은 크게 시간적, 공간적 제약 그리고 가독성의 제약으로 삼분된다. 이런 제약으로 인해 영화번역자는 등가를 갖는 TT의 선택에 있어 일반번역보다 적은 수의 대안을 갖게 되며 번역전략의 숫자도 그에 따라 제한을 받게 된다. 이런 제약으로 인해 영화번역은 '제약된 번역(constrained translation)'의 대표적 형태로 여겨진다. '제약됐다(constrained)'의 의미는 언어 외적 요소에 의해 제약이 가해짐을 의미한다(Viaggio, 1996). 자막번역에서는 영상이 가장 대표적인 언어외적 제약요소이다. 자막을 제외한 제약된 번역의 예로는 광고(공간/이미지의 제약), 더빙(시간/이미지의 제약) 등을 들 수 있다.

시간적 제약의 특수한 예인 동시성(synchronism)은 단순히 입술모양과 더빙발화(또는 자막)의 시간적 일치만을 의미하는 것은 아니다. 내용적 동시성(content synchronism)을 위해서는, 영화의 내용과 TT의 내용이 시간적으로 일치해야 하고, 시각적 동시성(visual synchronism)을 위해서는 더빙배우의 음성과 배우의 입놀림이 일치해야 하고, 마지막으로, 성격 동시성(character synchronism)을 위해선 배우의 성격을 나타내는 표정이나 몸짓이 더빙음성까지도 일치해야 한다(Lorenzo 외 2인, 2003).

공간적 제약에 기속돼는 자막의 경우, 자막 자수(字數)의 준수는 절대적이며, 자막 활자의 크기도 제한이 있으며, 자막의 가독성을 위해 자막의 색깔은 영상의 색조와 대조를 이루어야 한다.

이렇듯 복잡다단한 시간적 공간적 제약이 자막번역자에게 의미하는 것은 한마디로 '자막은 간결해야한다'는 점이다. Gottlieb(2001)는 영상의 자막 보완기능을 강조하기 위해 구체적인 수치를 제시한 것이 흥미롭다. 10만 단어분량의 소설을 영화로 만들면, 자막은 2만 단어면 충분하고 나머지 8만 단어는 영상 등 언어외적인 기호로 소화해 내든가 또는 이것이 여의치 않으면 생략도 가능하다고 한다. 이는 영화에서 자막과 영상이 메시지 전달을 분담하되 영상이 전하는 메시지의 양이 자막의 그것보다 더 많다는 것을 의미한다.

따라서 자막번역의 평가에 있어, 자막으로 나타난 메시지 뿐 아니라 영상 등 언어외적으로 나타난 메시지도 참작하여야 한다(Diaz-Cintas, 2001). 자막번역의 평가에서 언어와 영상 등 비언어정보를 보완하고 조화시키는 번역자의 능력이 필수이며 자막번역사는 영상을 읽어낼 줄 아는 이른바 '영상해독능력(visual literacy)'은 매우 중요하다.

Choi와 Lim(2000)은 한국 번역 시장의 현황에 관한 연구에서 영상번역 분야의 경우, 번역사의 양산으로 부작용이 대두하고 있다며, 영상번역 분야의 가장 큰 문제 중 하나로, 번역사들이 영상 해독능력의 부족을 지적하고 있다.

2. 시간적 제약

영화 번역에서 시간적 제약은 명백하고도 미시적인 제약으로 작용한다. 영어의 경우, 자막의 숫자는 35 글자를 넘을 수 없고 행은 두 줄을 넘길 수 없으며(Gottlieb, 1998) 자막은 화면과 같은 시간 동안만 남아 있을 수 있다. 중국어 자막의 경우 통상 한 줄로 15자를 넘지 못하며 6초 이상 화면상에 남아있지 못한다(Fong, 2003). 한국의 경우는 1행은 빈칸 포함 13자다(김명순, 2003). 극장용 영화는 우측 세로쓰기를 하므로 1행 10자[5]였다.

영상이 메시지의 큰 부분을 차지하는 액션물의 경우, 자막이 덮는 화면의 면적을 최소화하기 위해 두 줄보다는 한 줄짜리 자막이 선호되기도 한다(Lomheim, 1999). 두 줄짜리 자막일 경우 첫째 줄과 둘째 줄의 상대적 길이도 고려사항이다.

자막번역의 TT는 영화 화면상의 자막으로 나타나며 글자 하나의 크기와 갯수가 정해져 있기 때문에 일반 출판번역이 전체 쪽수라는 비교적 '거시적' 공간 제약을 받는다면 영화번역은 개개의 화면이라는 극히 '미시적' 제약을 받는다.

영화의 박진감과 긴장감을 유지하기 위해, 자막이 ST 발화보다 시간적으로 앞서서도 안 된다(Bogucki, 2004). 배우의 입 모양이 클로즈업된 상태에서 ST 배우가, 특정 단어를 힘주어 발음할 경우엔 TT의 해당 단어도 시간적으로 일치해야 한다.

가독성을 위해 자막 사이의 간격도 일정 시간 이상 유지해야 한다. 이런 미시적 제약요소로 인해 영화번역자는 ST가 길어질 경우, 어떤 부분을 삭제, 요약, 생략, 대체, 이연할 지에 관해 고민하면서 번역작업 내내 계속적인 그리고 신속한 의사결정을 내려야 한다. 어느 부분에서 창작적 시도를 해야 하는 지에 대한 '작가'로서의 개입여부도 결정해야 한다. 즉, 의사결정자로서 번역사의 적극적인 역할이 영화번역에서는 매우 강조된다. 예를 들면, ST의 미사여구가 영화의 전체 맥락에서 별 의미를 갖지 못할 경우 번역사는 이를 과감하게 생략할 수 있다.

영화번역은 영화의 흥행성, 오락성 등 대중성이 짙으므로 가독성 또는 이해가능성이 다른 형태의 번역보다 중요하게 작용한다. 영상의 진행 속도를 조절할 수 없는 관객들은 시각이라는 단일 채널을 이용해

---

[5] 최근 극장용 영화도 가독성 증진을 위해 DVD처럼 하단 가로쓰기로 바뀌면서 1행 13자로 통일됐다.

영상과 자막을 제한된 시간 내에 동시에 이해해야 하기 때문에, 자막이 길고 빨리 사라지면 이를 읽느라 피로감을 느끼고 관람 전과정을 통해 이러한 피로가 쌓이면, 영화 관람은 휴식이 아닌 '자막 따라잡기' 스트레스가 될 수 있다. 길어진 자막으로 영화내용에 대한 상세한 정보와 오락을 전달하려는 번역사의 과욕은 오히려 관객의 '자막읽기 포기'라는 역효과를 낼 수도 있다는 점을 명심해야 한다.

3. 공간적 제약

일반번역에서 공간적 제약이란 문단 또는 그 이상의 단위 나아가서는 번역물 전체 쪽수를 의미하는 거시적 차원에서 작용하지만, 자막과 영상이 시간적으로 일치해야 하고 스크린 하단이라는 공간과 글자 수의 제약이 있으므로, 자막번역에서의 공간적 제약은 장면을 단위로 하는 매우 미시적인 개념이다.

영화에서의 공간적 제약은 결국 시간적 제약과 동시에 작용하므로 그 구분에 별 실익이 없어 보인다. 그러나 시간적 제약을 배제하고도 여전히 공간적 제약이 남는 경우도 있으므로 공간적 제약은 시간적 제약과는 구분되는 별도의 의미를 갖는다. 예를 들면, 화면상에 슈퍼[6]로 처리된 문자가 비교적 오랫동안 스크린에 나타날 경우, 시간적 제약은 줄어들지만, 공간적 제약으로 인해 자막은 분리되어 나타나는 경우가 이에 해당한다. 만화의 경우도 마찬가지다. 만화번역은 정지된 영상에 대한 번역과 같다. 따라서 시간적 제약이란 있을 수 없고, 대화 상자[7]라

---

[6] superimposition의 줄임말이다. 화면 위에 영상의 '일부로' 삽입된 글이다. 영상과 '별도로' 존재하는 자막과는 다르다.
[7] 만화 속 등장인물의 머리 위에 타원 또는 사각형 모양으로 뾰족한 침이 붙어있는 글

는 순수한 공간적 제약만이 적용된다.

영화번역에서의 공간적 제약은, 자막이 위치하는 스크린 하단이라는 한정된 물리적 평면을 말한다. 영화에서 공간적 제약은 시간적 제약과 밀접하게 관련되어 있어 자막은 줄 수와 자수에 제한을 받는다. 영어자막의 경우, 글자간 간격을 포함해 33, 또는 40자에 두 줄을 넘지 못하며(Hatim & Mason, 1997), 가운데 또는 왼쪽 정렬로 화면 하단에 배치된다(Gottlieb, 1998). 한글자막 경우 극장용 영화는 글자간 간격을 제외하고 한 줄 8자, 비디오용 영화는 한 줄 13자 두 줄을 넘지 못한다(최정화, 2001). 따라서 공간을 조금이라도 더 절약하기 위해 영어자막의 경우, 가로로 비교적 많은 공간을 차지하는 'w' 또는 'm' 같은 철자가 들어간 단어보다는, 비교적 적은 공간을 차지하는 i, l, t 등이 들어간 단어가 선호되기(Fawcett, 1996)될 정도로 공간절약에 대한 번역자의 노력은 거의 필사적이다.

Chen(2004)은, 자막의 공간적 제약을 극복하기 위한 다양한 방법을 제시하면서 그 중 하나로, 중국어 자막의 경우 마침표, 쉼표 등 구두점을 사용하지 말 것을 주문하고 있다. 한글자막에서도 영어 ST와 달리 자막에는 마침표가 없는 것이 일반적인 것도 공간 절약을 위한 기법임을 알 수 있다.

자막의 공간적 제약은 자막이 차지하는 스크린 하단이라는 물리적 공간의 한계에서 그 원인을 찾을 수도 있지만 영화관객의 인지능력의 한계에서도 찾을 수 있다. Hajmomamadi(2004)는 영화관중이 자막영화를 보면서 수행하는 복합적 인지활동을 기능별로 구분한다. 자막 읽기, 자막의 의미 해석, 영상 보기, 영상의 의미 해석, 스토리의 흐름과 영상을 연결하기, 내용 예측하기, 본 내용 기억하기 등의 일련의 과정이 그

상자

것이다. 따라서 자막에는 관람자의 인지능력 중 일부만이 할애된다는 것을 알 수 있다. 자막 글자가 너무 작거나, 함축적인 어려운 단어가 사용돼 관람자의 독해능력을 벗어날 경우 시청자는 영상에 치중하기 위해 자막 읽기를 포기할 수도 있다.

자막의 크기는 일정 크기 이상이 돼야 하고 문장의 길이는 이해가능 범위로 제한된다. 띄어쓰기(분철) 등 철자규칙은 추가적인 공간 제약요소로 작용하게 된다. 영어자막의 경우, 주어와 동사가 서로 별도의 화면에 분리돼 나타나서는 안 되며, 관사와 명사 역시 같은 규칙이 적용된다(Bogucki, 2004).

공간적 제약은 국가에 따라서 실무상의 관행에 의해 묵시적으로 또는 번역발주자의 구두요구나 계약사항 등의 명시적 요구사항에 의해서 적용된다. 즉, 자막의 행수를 관련 당국에서 지정하는 경우도 있고, 자막의 글자 수나 크기를 규율하는 나라들도 있다. 유럽의 경우 통상, 자막은 1행 35 글자로 2행을 넘지 않는다. 관객의 자막 독해력에 대한 한 연구에 따르면, 스웨덴의 청중은 2행의 자막을 읽는데 평균 5, 6초가 소요됐고 이 후 80년대 후반 벨기에에서는 그보다 약간 더 빨랐다. 관객의 자막독해능력과 관계없이 자막이 길어질 수 없는 보다 근본적 이유는 "영화는 보는 것이지 읽는 것이 아니다"라는 점이다. 자막 읽기가 영상 읽기를 방해해서는 안 된다는 말이다. 따라서 영화번역자가 해야 할 가장 중요한 일은, 간결 명확한 자막을 만들어 청중이 개요를 신속하게 파악하고 다시 영상으로 돌아가도록 놓아주는 주는 것이다.

Taylor(2003)는 영화에서 ST 의 정보를 축약 없이 전체를 그대로 자막에 반영하는 것을 "transfer(전이)"라고 부르면서 전이는 직역과는 다른 것이라고 주장하는데 그 이유는, 직역은 ST의 정보보다 ST의 언어구조라는 '형식'에 더 치중하기 때문이라고 한다. 전이에 의한 자막을 그는 최장자막(maximum subtitle)이라 부르고 시간적 공간적 제약 등을 고려해 축약한 자막을 최단자막(minimum subtitle)이라 부른다.

연구대상 ST에 대해, 그는 일일이 자신의 최장자막과 최단자막을 제시했다. ST 배우의 더듬는 소리도 자막 TT에서는 생략할 수 있는데 이는 ST의 음향과 영상(입모양)으로 더듬는 상황을 충분히 인식할 수 있기 때문이다. 이탈리아어 배우가 화가 나서 더듬는 상황은 영어 TT로는 간단히 "What?" 한 단어로 처리해도 무방하다고 말한다. 그는 ST의 각 단어나 어구별로 생략 여부에 대한 타당성을 검토함으로써 최단자막을 만들 수 있다고 강조한다. 요컨대 영상번역가의 작업이란 자막이 아닌 다른 기호로도 소화될 수 있는 메시지를 찾아 자막이 전달해야 하는 메시지의 양을 극소화함으로써 가능한 가장 짧은 자막을 만드는 것이다. 이 과정에서 종합적 '상황'에 대한 번역자의 판단이 가장 중요하다.

4. 가독성

(1) 가독성의 의의

자막의 시간적, 공간적 제약은 결국, 자막의 가독성에 대한 제약으로도 작용한다. Luque(2003)는, "더빙의 핵심은 동시성이요, 자막의 핵심은 가독성이다"라고 말할 정도로 가독성은 자막의 매우 중요한 질적 특성이다.

가독성(readability)이란 글로 된 텍스트 또는 기타 기호를 사용함에 있어서 수신자 입장에서 가장 이해하기 쉬운 기호를 사용하려는 속성이다(Severin, 1997). 가능한 한 가장 많은 관객에게 가장 빨리 메시지를 전달하려는 매스컴[8]에서 가독성은 특히 강조된다.

영화는 정보의 전달 기능 보다는 오락적 측면이 강하므로, 가독성의 의미는 더욱 커지게 된다. 즉, 정보입수가 오락성보다 중요할 경우 관객은 가독성이 낮아도(=읽기가 어려워도), 이를 감수하지만, 오락성이 우선일 경우 가독성이 낮으면 읽기를 포기하는 경향이 높다. 가독성은 앞서 언급된 영화번역의 시간적, 공간적 제약과도 매우 밀접하게 관련돼 있다. 시간적, 공간적 제약이 관람객의 인지능력 한계와 맞물려 작용하므로 이를 극복하기 위한 해결책으로 자막의 양적 축소현상이 발생하게 된다.

인류사에 있어서 최장기 베스트셀러라는 성경책. 독자의 숫자라는 측면에서 가장 대중적이니 책이기도 한 성경은 세월이 흐르면서 끊임없이 변신해왔다. 성경이 판을 거듭하면서 변화하는 가장 큰 이유는 가독성이다. Nida는 성경의 가독성을 향한 변신이야말로 번역 일반에서도 적용되어야 할 중요한 원칙이라고 설명한다. 그의 주장을 계기로 성서(聖書)번역은 교회 뿐 아니라 번역학에 있어서도 매우 중요한 위상을 차지한다. 미국 성서공회(UBS)에서 발간된 그의 저서 *'Towards the Science of Translation'*은 번역학의 고전이다. 성서번역을 통해 일련의 번역 원칙을 확인한 Nida(1969)는 성서번역의 대전제를 "대중성"에 두었고 그의 번역 지침들 역시 성서의 대중화를 통한 포교를 염두에 둔 것이었다. '문어체보다 구어체를 우선하라'라든지, '기독교 신자보다 비신자를 우선하라' 등의 번역지침 등이 그것이다. Nida는 '등가(equivalence)'라는 용어를 번역학에 최초로 도입하고 정의한 사람이다. 어휘의 사전적 의미나 통사적인 면 등에 치중하는 '형식적 등가(formal equivalence)'가 아닌 ST 독자에게 받는 메시지와 TT 독자가 받아들이는 메시지가 같은, 실질을 중시하는 '역동적 등가(dynamic equivalence)'일 때 번역은

---

[8] TV, 라디오 등의 대중매체를 말한다.

정당성을 갖게 된다고 Nida는 주장한다. ST의 형식에 얽매이지 않고 독자의 입장에서 번역하기 위해선 또 다른 관점이 필요한데, Nida는 이것을 번역의 이해가능성(intelligibility)이라고 불렀고 이는 '가독성'의 또 다른 이름에 지나지 않는다.

(2) 가독성의 측정

가독성에 관한 관심은 성서시대 이전부터지만 구체적 연구가 이루어진 것은 20세기 초에 이르러서야 본격화되었다. 중학교 교사인 Lively와 Pressey은 당시 과학교재가 너무 어려워 수업시간의 대부분이 전문용어 해설로 채워지고 있음을 안타깝게 여기고, 전문용어로 인한 학생들의 부담을 덜기 위해 연구에 착수했다. 이것이 가독성 연구의 효시다. 단어 중심의 가독성 연구에서 한층 더 발전해 Gray와 Leary(1935)는 가독성에 영향을 주는 자그마치 289개 항목을 파악해 이 중 5개 항목이 가독성에 가장 큰 영향을 주는 요소라고 결론지었다. 5개 항목이란, (1) 해당 텍스트에 있는 어려운 단어의 개수, (2) 인칭 대명사의 개수, (3) 단어수를 단위로 한 개별 문장의 평균 길이 (4) 전치사구의 개수 그리고 (5) 서로 다른 단어들의 비율 등이다.

이후에 실시된 가독성 연구들은 보다 간결하고 적용하기 쉬운 가독성 '공식'을 찾는데 치중하게 된다. 그러한 최초의 연구는 Lorge와 Flesch(1939)였다. 연구 결과 만들어진 'Flesch의 공식'(1948)은 간단히 두 개의 변수만으로 가독성을 측정한다는 점에서 매우 편리했다. 먼저 가독성을 측정하려는 대상 텍스트에서 100개 단어로 구성된 샘플 텍스트를 고른 뒤, 샘플 텍스트를 구성하는 전체 음절(syllable)의 수(wl: whole length), 그리고 문장 당 평균 음절의 수(sl: sentence length)를 측정한다. 이 두 개 변수 모두가 작을수록 가독성이 올라간다는 의미로 만든 Flesch의 공식은 다음과 같다.

R.E (reading ease: 가독성) = 206.835 - 0.846 wl - 1.015 sl

이 공식의 의미는 가독성(R.E)을 높이려면, 무엇보다도 텍스트 내의 단어의 음절수가 작아야 즉, 단어가 짧아야 한다는 점이다. Flesch의 가독성 공식이 번역에 시사하는 바는, 번역자가 TT의 가독성을 높이려면 '짧은' 단어를 사용해야 됨을 의미한다. 그러나 '짧은' 어휘가 반드시 읽기 쉬운 것은 아니다. 짧으면서도 딱딱한 전문용어들은 얼마든지 있기 때문이다. 이해하기 쉬운 문장이 되기 위해서는 오히려 길어지는 경우도 많기 때문이다.

가독성을 높이려면, 문장이 길어질 수밖에 없다는 것은 Nida의 Channel Capacity (Nida, 1982)로도 설명된다. Nida는 TT 독자의 이해능력이 ST 독자보다 적다는 것을 좁은 경로(channel)로 도식화했고, 이 좁은 경로를 통해 같은 양의 메시지를 전달하기 위해서는 메시지 블록의 모양이 ST에서보다 가늘고 길어져야 한다고 설명한다. 따라서 영화번역에서 TT의 축소를 염두에 두는 번역자에게 가독성 증가와 자막의 시간/공간적 제약의 충족은 서로 모순되는 요구사항으로 작용할 수 있다. 시간적 공간적 제약만을 충족하기 위해 자막을 줄이면 줄일수록 가독성을 떨어지는 것이다. 자막이 줄어들 경우 그에 따른 메시지의 변화(주로 감소)는 뒤에서 다루기로 한다. 다른 연구에서 도출한 몇가지 가독성 공식을 추가로 소개하면 다음과 같다.

1) 안개지수

여기서 '안개'라는 말은 안개의 뿌연 속성을 반영해 텍스트가 얼마나 이해하기 어려운가를 측정함으로써 역으로 가독성을 측정한다는 개념이다. 엄밀하게는 가독성이 아니라 '난독성(難讀)이 될 것이다. Gunning이 만든 안개지수는 두 개의 변수를 이용해 텍스트의 가독성을 측정한다. 두 개의 변수란, 단어 수를 측정기준으로 한 평균 문장길이와 100 단어로 구성된 표본 텍스트에서 3음절이상을 갖는 단어의 수를 일컫는다. 이를 합한 뒤 0.4를 곱하면 텍스트의 난이도가 나온다. 역시, 문장이 짧고 그를 구성하는 어휘 역시 짧아야 가독성이 높아진다는 것을 의미한다.

2) 빈칸 채우기

기존의 가독성 측정이 음절의 수나 단어의 수 등의 형식적 요소에만 치중한 나머지 너무 단순하고 기계적이며 가장 중요한 독자의 이해 여부를 무시하고 있다는 지적이 제기됐다. 예를 들면 기존의 가독성 공식에 따라 가독성을 높이기 위해 짧은 단어와 적은 단어 수의 문장을 사용하더라도 결과는 매우 난해한 문장이 만들어질 수 있다는 매우 설득력 있는 주장이었다. 따라서 이번에는 텍스트 중심이 아닌 독자 입장에서 텍스트의 가독성을 측정하자는 연구가 시도되었다. 이런 문제의식에서 나온 것이 Taylor(1953)의 빈칸 채우기(cloze procedure)다. 그는 독자가 특정 텍스트까지 이해하면서 읽었는지의 여부는, 아직 읽지 않은 다음 텍스트 이후의 내용을 자연스레 예측(naturally anticipating)할 수 있는 지의 여부라고 보았다. 자연스런 예측이 가능하다면 이는, 텍스트의 전반적이 속성인, 텍스트의 구성, 문장구조, 단어선정의 타당성, 단어의 단순성 등이 종합된 결과라는 것이다. 이를 측정하기 위해 그는 표본 텍스트를 선정 한 후 매 5개 단어 걸러 한 단어씩을 지우고 그 자리에 괄호를 삽입했다. 독자는 괄호 안에 동의어가 아닌 지워진 단어를 정확히 써 넣어야 하고, 맞춘 정답의 개수가 많으면 텍스트의 가독성이 높다는 것이다.

가독성에 관한 연구들이 공통적으로 시사하는 바는 가독성을 증가시키기 위해는 한 문장에서의 단어 수와 한 단어에서의 음절수를 줄여야 한다는 점이며 이는 번역에서 TT의 양적 축소를 의미한다. 뒤에서 다룰 자막의 축소에 대한 연구에서도 단어수를 기준으로 자막의 양적 변화를 살펴 볼 것이다.

Danielson과 Lasorsa(1989)는 240년간 출간된 240편의 소설을 대상으로 가독성 관련요소들을 추적 조사한 결과, 최근의 소설일수록, 문장당 단어 수가 적었고, 긴 단어의 비율이 낮았으며, 구두점의 종류가 줄어들었고, 구어체 사용이 증가했다는 점을 알아냈다. 가독성의 주요 변수인 문장 당 단어 수와 단어의 길이, 즉 음절수가 줄어들었다는 것은, 소설의 가독성이 증가했다는 의미다. 그들은 가독성 증가 추세에 대한 원인으로, 바쁜 현대인의 일상, 영상문화의 영향 등을 들었다. 영상문화를 독서능력 저하의 원인 중 하나로 지목한 것이다. 따라서 영상의 일부로써 영상과 함께 메시지 전달을 담당하는 자막에 있어, 영상의 종류(예를 들면, 영화의 장르)에 따라 자막의 길이가 변화할 개연성이 높다.

그러나 가독성과 인상(impressions)과의 관계에 있어서는 가독성이 매우 낮은 경우와 매우 높은 경우에 있어 유사한 강도의 인상을 준다는 연구결과가 나오기도 한다. Wesson(1989)은 광고문구의 가독성과 해당 광고문구의 기억의 지속성(recall)의 상관관계를 연구하였다. 그 결과, 가독성을 횡축(X축)으로, 기억지속성을 종축(Y축)으로 한 그래프에서 'U자 곡선'을 얻었다. U자 곡선이 의미하는 바는, 가독성이 증가할수록, 기억지속성이 증가하지만, 마찬가지로, 가독성이 매우 낮은(난해한)

광고 문구도 가독성이 높은(쉬운) 광고 문구만큼이나 소비자의 뇌리에 깊게 각인되는 효과가 크게 나타난 것이다.

가독성이 높은 광고문구가 이해하기 쉬워 기억에 오래 남는다는 연구결과는 Wesson이 예상한 바와 같았지만, 가독성이 매우 낮은 광고문구도 기억에 오래 남는다는 결과는 의외였다. Wesson은 이러한 의외의 원인으로, 가독성이 낮은, 즉 난해한 광고 문구를 이해하려는 소비자들의 고도의 인지적 노력으로 인해 더 집중하게 되고 그 과정에서 특정 광고가 기억에 더 오래 남게 된다고 추정한다.

5. 영상의 자막보완

매스미디어는 대개 영상을 메시지의 일부분으로 활용한다. Scott에 따르면, 영상을 해석하는 방법에는 세 가지가 있다. 1) 현실의 표상으로서 있는 그대로를 보는 것이고, 2) 감정전달의 매개로서 해석하는 것, 그리고 3) 수사적 의미를 담은 심벌로 보는 것이다(Tankard, 1997). 자막은 번역사가 영상을 어떻게 해석했는지를 보여준다.

연극공연과 마찬가지로 영화는 글로 된 텍스트 뿐 아니라 여러 가지 기호를 포괄하는 다중 기호적(poly-semiotic, macro) 복합체다. 통역에서도 연사의 ST 전부가 통역사의 TT 발화로 나타나지 않는 부분적인 이유는, 연설이 이루어지는 '현장'이라는 실상황이 보완 역할을 톡톡히 해내기(최정화, 2001) 때문이다.

일반 번역이 글로 된 텍스트에서 글로 된 텍스트로의 수평이동이라면 영화번역은 ST가 글로 된 텍스트뿐 아니라 기타 비언어적 기호도 포괄한다. Taylor(2002) 는 이런 점에서 영화를 소우주(microcosm)라 부른다. 영상은 비 텍스트적 기호 중에서도 대표적인 기호에 해당한다.

Delabastita(2000)는 비언어적 기호를 시각 채널과 음향 채널로 양분하고 다시 각각 언어적, 비언어적으로 구분해 결국 Gottlieb의 기호 4분법에 동의하고 있다. 단, 예외적 채널로서 그는 후각채널과 촉각채널도 비언어적 기호에 포함시킨다.

(a) 대사, 배경음, 노래 등 언어적 음향 신호(verbal auditory channel)

ST: Hey. Relax. Breathe. Hee. Hoo. Hee. [Princess Diaries]
TT: 진정해 숨 돌리고.

ST에서는 숨 쉬는 소리를 재미있게 의성어로 처리하고 있지만, TT에서는 생략됐다. 자막 없이도 소리는 관객에게 전달되기 때문이다.

(b) 음악, 자연음, 음향 효과 등 비언어적 음향신호(non-verbal auditory channel)

ST: Shh! Don't say that word. People can hear. [Princess Diaries]
TT: 입 밖에 내지 말래도!

(c) 수퍼(super) 처리된 자막, 등 언어적 시각 신호 (verbal visual channel)

(d) 영상 전체, 즉 비언어적 시각 신호(non-verbal visual channel)

Fong(2003)은 영화에는 다양한 기호가 있어서, 영화에서의 담화분석은 글로 된 텍스트의 경우보다 훨씬 수월하다고 한다. 왜냐하면 영화번역자는 영화 속의 영상, 음향 등 다양한 기호를 통해 문맥을 파악할 수 있기 때문이다. 영화번역의 특징은 번역사가 영상을 통해 문맥(또는 상황)을 항상 인식(context awareness) 하고 있으므로 자막번역은 일반번역에서와 달리 설명을 위한 확장의 여지가 적고 축소될 개연성과 타당성이 높아지게 된다.

넓은 의미의 텍스트는 커뮤니케이션에 이용되는 일체의 기호를 말한다. 따라서 광의의 텍스트는 영화 속의 영상도 포함하게 되고 그럴 경우, 영화 속 영상도 번역이 다룰 수 있는 텍스트의 일부로 넓게 해석할 수 있다. 영상은 글로 된 텍스트보다 훨씬 더 많은 정보를 담을 수 있다. 영상, 또는 그림 텍스트는 영화번역에서 협의의 텍스트인 문자와 상호작용하면서 자막을 축소하는데 기여한다.

비언어 기호는 영화번역에만 국한된 것은 물론 아니다. Baker(1992)가 소개한 번역기법 중에 '삽화활용'이 그 예다. Baker는 삽화활용이 정당화되는 상황을 설명하면서 "공간(지면)의 제약이 있거나, TT가 간단명료해야 할 때"라고 규정한다. 영화번역은 이 조건에 가장 부합하는 번역 상황이다. Baker는, Lipton 차(茶)의 음용 설명서 번역에서 'tagged tea-bags'의 'tagged'를 아랍어로 굳이 번역하면 문장이 길어지고 난잡해질 수 있었다면서, 이를 피하기 위해, 번역사가 Lipton(상표)의 로고가 새긴 손잡이 달린 1회용 티백을 그림으로 제시한 것을 삽화활용의 예로 들고 있다.

영화에서는 영상과 자막이 동시에 제시되므로 삽화(영상) 활용의 기회는 글로 된 텍스트를 위주로 하는 일반번역보다 훨씬 많다. 또한 시간적 공간적 제약으로 자막수의 제한을 준수해야 하는 영화번역의 경우, 영상을 통해 자막을 줄이려는 시도도 일반 번역에서보다 훨씬 많다.

Reiss는 텍스트유형에서 기존의 세 가지 종류 외에 기존 텍스트의 커뮤니케이션 보조 도구가 되는 경우의 텍스트를 추가했는데 이것이 영화번역, 뮤지컬 등에서 영상과 함께 제공되는 텍스트인 것이다. 영상을 활용하는 영화번역상의 전략은 매우 다양하게 나타난다.

(a) 일부 생략

ST: **Hold on to the wheel for a bit.** [Aviator]
TT: **잠깐 잡아줘**

(b) 지시형용사로의 전환

ST: **We're not gonna last pretty long with M and M's and potato chips.** [The Day after Tomorrow]
TT: **이런 걸론 며칠 못 버텨.**

(c) 그림으로 일부 대체

ST: **Hello, Mr. Yakamoto. Welcome back to the GAP.** [Minority Report]
TT: **야카모토 씨, 또 찾아주셨군요. (아래 그림 참조)**

(d) 그림으로 전부 대체

ST: **Toby, Oh my God! / Is this what you're looking for?** [Mr. Hitch]
TT: ∅

　(a)에서는, 비행기의 조종을 부탁하는 장면이 이미 관객에게 화면으로 드러나 있으므로 자막에서 목적어('the wheel')가 생략됐다. (b)에서는 ST의 'M and M's and potato chips'가 자막에서 '이런 것'이라는 지시대명사로 바뀐다. 화면상으로 '이런 것'이 무엇인지 명확하게 알 수 있기 때문이다. (c)는 ST의 일부분인 'AP'라는 상호가 영상에 이미 나타나 있으므로 생략됐다. (d)에서는 영상이 글로 된 텍스트를 완전 대체한다. 차에 치일 뻔한 애완견을 구해주고 개의 주인인 여자의 환심을 산

다는 내용의 장면인데, 그림으로도 상황이 이해되므로 자막을 넣지 않은 것이다.

영화번역에서 영상은 자막을 보조하는 중요한 도구다. 영화번역은 일반 번역과 달리 이미지나 음향 등 비언어적 기호가 상황묘사를 분담하고 있어서 글로 된 텍스트(자막)가 처리해야 하는 메시지의 양은 그만큼 줄어든다. 영화 번역은 ST와 영상을 적절히 혼합해 이를 TT로 표현한다는 점에서 일반 번역과 다르다.

일반번역에서는 TT가 거의 전적으로 시각화(visualization)의 기능을 수행하는데 비해, 영화번역에서는, 영상이 시각화 기능을 수행할 수 있고, 영상이 갖는 정보가 ST와 중복될 경우, 해당 부분의 번역을 생략할 수 있게 된다.

그림을 다루는 그림책 번역도 영화와 유사한 양상을 보인다. 그림책 번역자는 번역과정에서 언제 현지화[9]할 것인지, 또는 부연설명을 할 것인지, 그리고 언제 번역을 생략하고 그림으로 보완할지에 대해 끊임없이 고민해야 한다(Oittinen, 2003). 글로 된 텍스트로서의 자막은 영상 등 다양한 기호를 거시적(global)으로 해석하고 이 과정에서 영화번역의 독특한 번역기법을 필요로 하며 그중엔 압축, 삭제 등의 방법이 포함된다(Taylor, 2003).

Talyor는 거시적 해석이란 구체적으로 영화의 제작 대본에서 얻을 수 있는 배우의 동작이나 상황, 배경음향 등을 모두 고려한 상황맥락에 따른 해석이다. 영화에 있어서 자막은 여러 기호 중 하나에 불과하다. 영화는 이러한 여러 기호체계가 한데 어우러져 상호작용하면서 커뮤니케이션을 달성하는 계층화된 실체(Giovanni, 2003)인 것이다.

---

[9] TT 문화에 걸맞은 표현으로 바꾸는 것을 말한다. 후술한다.

제3장 자막의 양적 축소

제1절 양적 축소의 의의

영화의 다중 기호적 잉여성(intersemiotic redundancy)으로 인해 대사를 전체번역(full translation)해야 할 필요성은 매우 적다(Remael, 2003). 앞에서 설명한 자막의 특징 중 시간적 공간적 제약, 영상의 자막 보완, 가독성 등의 특성은 때로는 축소를, 때로는 확장을 초래한다.

영화자막의 양적 축소는 자막번역의 특성 내지는 제약으로서, 당연히 전제되거나, 적극적으로 추구해야하는 보편적 현상으로 널리 인정되고 있다. 자막의 양적 축소는 감흥과 정보를 전달함에 있어 간결하게 표현하려는 언어사용의 한 측면으로 설명되기도 한다. 그렇다면 자막의 양적 축소는 영화번역에만 국한되는 특수한 현상은 아니다.

담화, 즉 구어의 중요한 특징을 요약해 이를 커뮤니케이션의 일반원칙으로 정리한 Grice는 담화 참가자가 준수할 것으로 기대되는 원칙들을 정리했는데 이것이 "Grice의 협동원칙(Co-operative Principle)"이다.

Grice의 협동원칙은 담화의 양(quantity)에 관한 원칙, 담화의 질(quality)에 관한 원칙, 담화의 관련성(relevance)에 관한 원칙 그리고 담화의 방법에 관한 원칙(manner) 등 4개 원칙이며 다음과 같이 구성돼 있다(Grice, 1975).

1. 담화의 양(Quantity)

(a) 필요한 만큼의 정보량을 담아라.
(b) 필요 이상의 정보량을 담지 마라.

2. 담화의 질(Quality)

(a) 사실이라고 생각하는 것만을 담화하라.
(b) 증거가 없는 담화는 하지 마라.

3. 담화의 관련성(Relevance)

현재 담화와 관련된 주제를 말하라.

4. 담화의 방법(Manner)

명료하고, 구체적으로 담화하라.

(a) 정확한 표현을 써라.
(b) 애매하게 담화하지 마라.

(c) 간결하게 담화하라.
(d) 조리 있게 담화하라.

　Grice의 협동원칙은 자막번역에 있어서의 TT의 양적 축소를 설명해 주는 또 하나의 이론적 틀이다. 즉, 자막의 축소는 시간적 공간적 제약 등 자막에 특수한 제약이 없더라도, 언어사용의 속성으로서 자막이 축소되는 경향이 있다는 것을 설명해 준다. 원칙 중 1. '담화의 양의 원칙'은 필요한 만큼만 말할 것을 주문하고 있다. 자막번역의 특징 중 하나인 자막과 영상의 공존은 독자의 문맥 파악(context awareness)을 수월하게 하여, 일반번역에서와 달리 설명을 위한 TT 확장의 여지를 줄여준다(Fong, 2003). 특히, 4.'담화의 방법'은 자막번역의 양적 변화에 대해 직접적으로 적용된다. 4.(a)의 '정확한 표현을 써라.'와 (b) '애매하게 담화하지 마라.' 그리고 (c) '간결하게 담화하라.'는 자막의 번역기법과 자막의 양적 축소현상을 설명하는데 매우 유용하다.
　최소의 노력으로 최대의 효과를 얻으려는 인간의 '경제 하려는 의지(will to economize)'는 보편적이며, 언어사용도 인간 행위의 일종이라는 점에서 Grice의 협동원칙은 새삼스런 내용은 아니다(Baker, 1992). 그러나 'Grice의 협동원칙'은 잠재적인 언어사용의 습관을 구체적으로 명문화했고 동시에 담화분석의 중요한 기준을 제시했다는데 그 의의가 있다.

제2절 양적 변화의 측정

　양적 변화란 ST의 길이에 비해 TT의 길이가 증가하거나, 감소하는 것이다. 그러나 최정화(2001)가 지적했듯 그 변화의 방향과 양은 측정단위에 따라 매우 유동적이다. "그는 진실을 은폐했다."가 영어로는 "He concealed the truth."로 단어는 4개, 철자는 22개이지만 불어로는 "Il a caché la vérité.(일 라 까쉐 라 베리떼)"로 단어는 5개, 철자는 20개이다. 단어수는 불어가 1개 더 많고 철자수로는 영어가 2개 더 많다. 따라서 영어가 ST이고, 불어가 TT라면, 측정단위에 따라, 단어 수를 기준으로 보면 확장이고 철자수를 기준으로 보면 축소현상이 발생한 것이다. 이렇듯 단어나 철자의 수, 발음의 단위라고 할 수 있는 음절의 수 등 측정단위가 달라질 때마다 문장의 길이에 대한 서로 다른 측정치가 나올 수 있다.

가독성 연구에서 주요변수로 대체로 단어 수와 음절수를 대상하고 있고, 또 자막번역의 공간적 제약이 글자 수를 대상으로 하고 있다는 점을 반영하여, 측정단위로 단어 수뿐만 아니라, 음절수와 글자 수를 측정단위에 포함시켜야 보다 정확한 양적 변화의 방향과 양을 파악할 수 있을 것이다. 따라서 자막의 양적 변화는 ST의 단어수, 음절수 또는 글자수에 대하여 TT의 단어수, 음절수 또는 글자수가 감소하는 것으로 정의한다. 반대로 '확장'이란 ST의 단어 수, 음절수, 또는 글자수에 비해 TT의 단어수, 음절수, 또는 글자수가 증가하는 것으로 정의한다.

제3절 양적 축소와 층위

축소의 층위는 3단계로 관찰된다. 이러한 단계분류는 Baker의 저서인 'In Other Words(1992)'에 나타난, '단어 층위에서의 등가', '단어 층위 이상에서의 등가' 그리고 '텍스트 수준에서의 등가' 순의 분류에서도 유사하게 적용된다.

1. 단어 층위에서의 축소

단어 층위에서의 축소란 ST의 특정 단어가 TT에서 보다 적은 수의 음절과 글자수로 이루어진 어휘로 바뀌는 것을 의미한다. 개별 단어는 텍스트를 떠나서는 특정의미에 대한 '가능성(potential)'에 지나지 않는다(Baker, 1992). 따라서 이들 개별 단어의 의미는, 텍스트 안에서 다른 부분들과의 상호작용 과정에서 실현되거나 수정된다. 번역자는 선택 가능한 이들 여러 TT 단어의 대안 중에서 가장 짧은 것을 선택할 수 있다. 가장 짧은 대안은 한자어, 고사 성어, 순수 한글, 구어 표현 등 매우 다양하게 나타난다. 단어 층위에서의 축소가 일어나는 중요한 메커니즘 중 하나는 단어적 표층 결속성(lexical cohesion)이다. 단어적 표층 결속성이란 텍스트 안에서 단어들이 텍스트가 유효한 의미를 갖게끔 해주는 관계(network)다. 쉽게 말하면, 텍스트의 전후 관계로 미루어 그 의미가 자명할 경우 굳이 별도의 어휘를 사용해 의미를 반복할 필요가 없다는 말이다. ST와 TT에서 표층결속을 나타내는 방식이 다를 경우 TT에서 양적 변화가 나타날 수 있다.

> ST: Well, my old friend Lyman over there needed a replacement. He asked me if I knew an interesting lawyer. I happen to think you're very interesting. [Laws of Attraction]
> TT: 머릿수 채워줄 변호사가 필요하다며 재미있는 변호사를 소개 해 달라기에 순간 당신이 떠오르더군요.

'replacement'와 'lawyer'가 같은 대상을 지칭하고 있다고 본 번역사는 TT에서 이 두 단어를 '대타'와 '변호사'로 직역하지 않고 모두 '변호사'로 표현했다.

> ST: I have a little surprise for you. Pop quiz. French Revolution. [Princess Diaries]
> TT: 깜짝 퀴즈가 있어. 프랑스 혁명 퀴즈.

'surprise'와 'quiz' 'French Revolution'이 같은 대상을 지칭하고 있지만 TT에서는 모두 '퀴즈'로 표현했다.

접속사의 경우 ST언어와 TT언어의 차이가 축소의 여지를 줄 수 있다. 영어권 문화는 저배경(low context)문화여서 text가 명시적 측면이 강한 반면, 한국어 문화는 고배경(high context)문화여서 묵시적 요소가 강하다.

따라서 논리의 흐름을 표시하는 접속사 등 연결어(links)의 사용이 한국어 TT에서는 줄어들 수 있다.

> ST: You heard me. I am so sick of you ragging on me all the time and always telling me what to do. I get enough that from my mother and now my grandmother, and I don't need it from you. I'm not an idiot. [Princess Diaries]
> TT: 듣고선 물어? 툭하면 딴지 걸구. 이래라 저래라, 신물 나. 엄마, 할머니 잔소리도 지겨워. 난 바보가 아니야.

ST에서 논리의 흐름을 보여주는 'and'가 TT에서는 생략되고 TT의 각 문장은 연결어 없이 독립적인 개개의 문장으로 나열된다. ST에서 연결어(and)가 점증적임을 나타내주고 있지만, TT에서는 사라졌다. 그 결과 자막은 간결해졌다.

　새로운 주어가 등장하면 영어의 경우, 최초를 제외하고는 인칭대명사로 대체하지만, 일어, 중국어(Baker 1992) 그리고 한국어의 경우는 주어를 생략하는 것이 일반적이다.

　동일 단어의 반복 정도도 언어에 따라 다르다. 동일 단어의 반복사용의 정도가 낮은 언어에서 반복 정도가 높은 언어로 번역할 경우 축소될 수 있다.

　그러나 연어사용은 반드시 축소를 의미하지는 않는다. 연어에 의한 단어선택의 폭은 언어습관에 의해 제한돼 있기 때문이다. 여기서 연어는 숙어로 대표되지만 범위는 매우 넓어서 다음과 같은 조합의 단어들도 연어로 포함될 수 있다(Baker, 1976).

　　(a) 상대어의 조합: 소년/소녀, 사랑/증오, 명령/복종
　　(b) 순서에 의한 조합: 월/화/수/목 …, 1월/2월/3월 …,
　　(c) 부분/전체: 몸/팔, 자전거/바퀴 …….
　　(d) 같은 범주: 파랑/노랑(색깔)

　연어의 범주를 확대하다 보면, 번역사가 재량으로 선택할 수 있는 단어가 극히 한정되어 있다는 것을 알 수 있다. 여러 가지 관점에서 연어가 될 수 있는 조건을 모두 충족해야 하기 때문이다. 이것이 시사하는 바는 번역자가 축소만을 염두에 두고 연어가 아닌 다른 단어를 사용했을 경우 메시지가 변화될 수 있음을 의미하고, 한편으로는, ST 안에서 단어들이 복잡한 관계 속에 표층결속을 형성하고 있어 이를 그대로 TT에서 재현하기가 매우 힘들다는 것을 알 수 있다.

　　**ST: Thank you very much. Good morning, ladies and gentlemen. Ah, wonderful

speech, Ms. Woods. [Laws of Attraction]
TT: 감사합니다. 좋은 아침입니다. 말씀 잘 들었어요.

ST에선 'good'과 'morning'이 연어로써 표층결속성이 있지만 TT의 '좋은'과 '아침'은 그렇지 않다. 연어를 사용하지 않은 단어는 특별한 의미를 갖게 되어 메시지가 변화될 수 있다. 즉, ST에서처럼 의례적인 아침인사가 아니라 별도의 정보를 담게 되는 것이다.

ST: divorce lawyers though… are the fungus growing beneath the scum. [Laws of Attraction]
TT: 특히, 이혼 전문 변호사들은 쓰레기에 빌붙어 사는 똥파리입니다.

ST의 밑줄 친 단어들을 직역했다면 TT에서의 표층결속성은 사라진다. ST에서도 연어를 포기하고 다른 단어를 선택한 경우는 광고, 유머효과 등의 특수효과를 노릴 경우가 많다. 이 경우, 번역자는 같은 효과를 내기 위해 TT에서 연어를 포기하기도 한다.

ST: Looks like she got a head transplant. [Princess Diaries]
TT: 머리카락을 식목했나봐.

ST의 'transplant'는 보통 장기나 피부 등 신체의 일부를 나타내는 단어와 연어를 구성한다. 그러나 '머리를 이식'한다는 것은 상식적으로 있을 수 없기 때문에 '유표적(marked) 연어'다. 그러나 TT에서는 이를 직역하여 또 다른 유표적 연어를 만들었다. 이 경우 TT에서 '머리카락을 이식했다'고 하면 유표적 연어가 아닌 보통의 연어가 되고 따라서 특수 효과(위 예에서는, 유머효과)는 사라지게 된다.

2. 문장 층위에서의 축소

문장 층위의 양적 축소는 TT 문장 전체적으로 ST보다 단어 수나 음절수가 줄어든 것이다. 자막의 양적 축소란 거의 대부분이 단어 층위에서의 양적 축소와 문장 층위에서의 양적 축소로 관찰된다. 이는 영화번역이 장면 단위로 자막이 제시된다는 점에 기인한다. 영상의 자막보완 기능으로 인해 자막의 양적 축소가 빈번하기는 하지만, 자막과 영상이 맞물려서 상영되기 때문에, 문장 전체가 생략되는 경우는 드물다. 결국, 단어 수준에서의 축소보다 축소효과가 크고 자막을 완전히 없애지 않는다는 면에서 번역자는 문장수준에서의 대체로 축소를 선호한다.

3. 텍스트 층위에서의 축소

텍스트란, 의사소통의 언어적 기록이다. 따라서 추상적 체계로서의 언어인 '랑그[1]'가 아닌 실제적으로 사용될 때의 언어인 '빠롤[2]'이다. 'happy'라는 단어는 '행복한'이라는 의미를 갖고 있지만, 구체적으로 어떤 의미인지, 그리고 나아가서 과연 행복하다는 추상적 의미마저도 있는 것인지는 텍스트 속에서 파악된다. What으로 시작되는 문장은 의문문이지만, 무엇을 '알고 싶어' 묻는 것인지, 그리고 '무엇'을 묻고 있는지도 역시 텍스트 안에서 결정된다.

텍스트는 문장을 구성요소로 한다. 텍스트는 문장 내에서 문장 간의 연결이다. 문장 내에서의 연결성은 주제 – 술어(theme-rheme) 구조로 설

---

[1] 닫힌 체계로서, 고정되어 있는 언어의 모습을 '랑그'라 한다. 어휘, 문법 등이 그렇다.
[2] 열린 체계로서, 계속 변화하는 언어의 모습, 즉, 언어가 실제로 사용되는 화용 측면을 '빠롤'이라 한다.

명되고, 문장 간의 보이는 연결은 표층결속구조(cohesion)이며, 문장 간의 보이지 않는 연결은 심층결속구조(coherence)이다. 텍스트 층위에서의 축소가 이루어지는 메커니즘 중 하나도 표층결속성이다.

표층 결속성이란 단어, 문법상의 관계로 텍스트의 여러 부분을 연결하는 네트워크다. 특정 단어나 표현 주변의 다른 단어나 표현을 근거로 해당 단어와 표현을 이해하게 해주는 기제이다. 영어에는 다섯 개의 표층 결속 장치(cohesive devices)가 있다. 지시(reference), 대체(substitution), 생략(ellipsis), 접속사(conjunction), 그리고 단어적 표층 결속성(lexical cohesion)이 그것이다. 이 중 단어적 표층 결속성은 이미 다루었고 대체와 생략은 굳이 설명이 필요하지 않으므로 지시와 접속사를 살펴본다.

(1) 지시

모든 언어는 나름대로의 방법으로 텍스트의 요소들을 연결하는 다양한 기제들을 갖고 있다. 두 언어가 개입되는 번역에 있어서 ST와 TT언어는 각각 표층 결속성을 확보하는 방식이 다르므로, 번역사는 TT의 표층결속성에 맞도록 작업해야 한다. 인칭대명사, 지시대명사 등 대명사가 그 예다. 포르투갈어에서는 인칭대명사보다 이름 등 고유명사를 계속 반복해 쓰는 것이 선호된다. 이와는 반대로, 중국어, 일어의 경우, 한번 거명된 등장인물이 다시 주어가 될 때 그 주어는 생략된다(Baker, 1992). 한국어 자막의 경우도 주어 등 인칭 대명사의 생략이 빈번하다. 한국어는 화자와 청자를 지칭할 때 대명사 대신에 명사구가 흔히 사용되며, 2인칭의 경우 상대를 구체적으로 지칭하기 보다는 언어의 경제성 내지는 한국어 특유의 상황 의존적 경향에 의해 생략되는 경우가 많다. 같은 언어 내에서도 텍스트의 종류에 따라 지시의 선호에 대한 정도가 다르다. 예를 들면, 법률 텍스트에서는 지시대명사보다는 특정 명사구의 반복이 지시대명사보다 더 선호된다. ST의 일반명사를 TT의 지시로 바꾸면 축소의 효과가 있다.

    ST: We all knew that would happen. [If Only]
    TT: 그걸 모를 사람이 어디 있냐?

    ST: Yeah wall people in my profession are second only to barmen in knowing about problems of the heart. [If Only]
    TT: 아무래도 택시를 몰다 보면 그 쯤은 줄줄 꿰죠.

    ST: And if you can't give him that, just give him something to do. [Flight of the Poenix]
    TT: 그것도 안되면 소일거리라도.

지시는 언어외적 '상황'에 의해서도 결정될 수 있다. 예를 들어(Baker 1992) 'He's not back yet'은 청자와 화자 간에 'he'가 누군지를 암묵적으로 알고 있다면 텍스트의 다른 부분에서 'he'의 지시가 없더라도 바로 그 대상을 알 수 있다. 언어외적인 상황을 근거로 복수의 단어가 하나의 대상을 지시할 경우 이를 '공지시(co-reference)' 한다. 한편, ST의 대명사가 TT에서도 그에 해당하는 대명사로 번역되는 것이 어색한 경우도 있다. 한국어의 '그녀' 좋은 예다. 화용적으로 한국어에서 '그녀'는 주로 젊은 연령대의 여자를 지칭하는 말로 대상범위가 국한돼는 경우가 많다.

(2) 접속사

접속사의 기능은 언급할 내용과 이미 언급된 내용 사이의 논리의 흐름방향을 표시하는 것이다. 접속사의 기능은 첨가, 대조, 인과, 시간, 전환, 확인, 강조 등이 있다. 중요한 것은 똑같은 접속사라도 문맥에 따라 기능이 달라질 수 있다는 점이다. 접속사의 기능은 어휘적으로도 해결될 수 있다. 시제나 인과관계의 경우가 그 예다.

　언어마다 접속사 사용에 대한 선호도는 다르다. 접속사 사용이 상대적으로 흔한 언어에서 그렇지 않은 언어로 번역할 때는 접속사가 생략될 것이다. 반대의 경우엔, 접속사가 TT에서 새로 등장할 것이다. 또한 같은 언어 내에서도 텍스트의 종류에 따라 접속사의 빈도는 다를 것이다. 종교나 소설 등에선 상대적으로 과학 관련이나 보도관련 텍스트에서보다 접속사가 많다(Baker 1992). 과학 관련 텍스트에서 인과를 나타내는 접속사가 적은 이유는 첫째, 독자와 저자와의 공유지식이 많아서 일일이 논리의 흐름을 명시할 필요가 없고 둘째, 인과관계에 대한 판단을 독자에게 유보함으로써 텍스트의 객관성을 증가시키기 위한 것으로 볼 수 있다.

제4장 양적 축소와 번역기법

경제적으로 의사소통하는 방법은 언어마다 다르고 또 다양하다(Callow, 1998). 청자가 메시지 해석의 책임을 주로 부담하는 한국어, 일본어, 중국어 등과 달리 화자가 그 책임을 더 많이 부담하고 있는 영어 등의 언어에서는 인과관계를 나타내는 접속사가 자주 나타난다(Sidiropoulou, 2003).

Baker(1992)는 번역이란, 독자의 배경지식을 감안하여 이미 독자가 알고 있는 내용을 중복 설명해서는 안 된다고 강조한다. 즉, 축소는 앞서 언급한 바와 같이 인과관계의 명시 정도의 차이 등 언어내적 요소뿐 아니라 배경지식이라는 언어외적 요소에 의해서도 나타날 수 있다. 중복성 또는 잉여성(redundancy) 회피는 텍스트 자체의 성격에서도 나타난다. 텍스트가 되기 위한 텍스트성의 7가지 속성 중 하나는 정보성(informativity)이다. 정보성이란, 텍스트는 독자의 기존 지식을 확인하거나, 반박하거나 변경 또는 연장하는 것이어야 하는 텍스트의 속성이다. 상대방이 이미 알고 있는 내용을 언급하는 발화는 정보성이 없으므로 텍스트라고 할 수 없다. 번역자는 이런 정보성을 바탕으로 번역자로서의 개입여부를 결정한다.

언어는, 복잡하지만 자주 쓰이는 개념을 간단한 형태로 표현하려는 속성이 있다. 한 언어의 단어가 담고 있는 의미는 오랜 세월을 거쳐 현재의 가장 간결한 형태로 형성돼 있기 때문에 이를 다른 언어로 번역할 경우, 그 개념에 대응하는 개념이 TT 언어에 없다든지, 혹은, 해당 개념을 TT의 단일 단어로 담아내지 못할 경우, 부연설명 등으로 인해 TT는 길어진다.

자막번역에서는 공간적 제약으로 인해 글자 수의 제약이 있다. Baker(1992)는 프로 번역사라면 ST의 개개의 단어가 가지는 의미를 모두 풀어내지 않으며 다양한 번역전략을 구사해 간결하게 번역함으로써 독자로 하여금 주의산만에 빠지지 않게 한다고 한다. 간결한 번역을 통한 가독성의 중요성을 강조하는 것이다. TT를 축소시키는 번역기법으로는 일반번역에서와 마찬가지로, 자막번역에서도 외연화(Seleskovitch, 1969)를 통해 등가를 찾는 방식이거나 아니면 생략하는 번역기법이 있다.

제1절 외연화

함의는, 언어라는 껍데기에는 나타나지 않지만 화자가 말하고자 하는 바이다. 함의(implicature)가 어떻게 도출되는 지는 텍스트연구의 주요 연구주제다(Baker, 1992). Malinowski(1994)는 언어의 의미는 그 상황을 알아야만 드러난다고 주장하며 이를 '상황맥락(context of situation)'이라고 한다.

언어가 사용되는 상황은 field, tenor, mode 등 3가지 요소로 구성되어 있다. field는 상황 속에서 일어나고 있는 활동(activity)이나 사회적 행위(social action)를 의미하며, tenor는 그 활동 속에 참여하는 사람들과 그들의 고정 또는 가변적 역할에 따른 상호 관계를 의미하고, mode는 그 상황 속에서 언어가 수행하는 기능을 의미한다(이창수, 2006).

Klaudy(1988)에 따르면, 외연화는 4가지 유형으로 나눌 수 있다. 즉, ST의 언어 구조적 특징에 녹아 들어간 함의를 도출하는 필수적 외연화(obligatory explicitation), 문체에 따른 함의를 도출하는 것으로 번역자의 임의에 따라 외연화가 강제되지 않는 임의적 외연화(optional explicitation), 문화특정적 등 화용에 의한 함의를 도출하는 화용적 외연화(pragmatic explicitation), 그리고 번역이라는 메시지 전환의 특성에 의한 번역내재적 외연화(translation-inherent)로 나뉜다.

Austin(1962/1970)은 발화에서 세 가지 서로 다른, 하지만 보완적인 행위를 구분해야 한다고 주장한다. locution, illocution, perlocution이 그것이다. locution은 문법 규칙에 따라 단어를 조합하는 것을 지칭하며, locutionary act는 발화 상황(context)과는 무관하게 이루어진다. 이와 반대로 illocution과 perlocution은 발화자(enunciator)와 발화 대상자(enunciatee)간의 관계를 고려해 인식되어야 한다. Austin은 언표(utterance)를 발화하는 발화 당사자가 표현하려는 의도(intention)를 illocution이라고 부르고, 이것은 담화규칙(discourse convention)의 영향을 받기 때문에 그 결과에 대한 예측이 가능하다고 말한다.

ST: Oh. I don't know what to say. [Laws of attraction]
TT: 제가 뭐라고 해야 되죠?

ST가 사실을 명시하는 평서문인 반면, TT 자막은 이를 의문문으로 바꾸면서 관객으로 하여금 스스로 함의를 깨닫도록 하고 있다. 즉, 번역사는 상황에 따라 보다 간결한 문장을 만들기 위해 함의를 외연화한다.

ST: Detective, nice of you to come here seeing how every cop is looking for you. [Minority Report]
TT: 반장님, 웬일이에요? 유명해지셨대?

ST의 '전 경찰이 당신을 찾고 있다'가 TT에서 '유명해졌다'로 바뀐 것은 TT에서 ST의 메시지가 함의로 숨은 좋은 예다. 결과 자막은 축소됐고 부수적으로 유머효과까지 늘어났다. 만약 함의로 가는 것이 항상 또는 자주 이런 일석이조의 효과를 만든다면 번역자는 함의번역 전략을 선호할 것이다.

ST: You make this a terrible world to live in. [Minority Report]
TT: 너 같은 놈 땜에 세상이 이 모양이야!

역시 함의 번역의 예다. ST에서는 세상의 '상황'이 구체적으로 (terrible) 나타나 있는데 비해 TT에서는 '이 모양'으로 함의돼 있다. 함의는 심층결속구조(coherence)와 깊은 관계가 있다. 심층결속구조(coherence)는 텍스트가 제시하는 지식과 독자 자신의 경험과 지식의 상호작용으로 얻는 결과다. 독자의 경험과 지식은 다양한 요인들, 즉, 성, 나이, 민족, 국적, 교육수준, 직업 그리고 정치, 종교적 성향에 의해 영향을 받는다. 인간이란 기존의 지식, 신념, 과거의 경험을 바탕으로 새로운 정보를 해석한다.

마찬가지로 텍스트로 제공되는 정보는 독자의 기존의 배경지식을 확인하거나, 반박하거나, 수정하거나 확장하는 기능을 한다. 따라서 심층

결속구조는 텍스트 자체의 고유한 속성이 아니라 텍스트에 대한 개개 독자의 판단에 달려있다(Baker 1992). 즉, 텍스트의 의미는 메시지로서 텍스트 자체에 내재되어(immanent) 있는 것이 아니라 커뮤니케이션 상황에 내재되어 있는 것이다(Rastier, 1989).

 ST: Listen, there are pros and cons to being a princess. [Princess Diaries]
 TT: 공주되면 나쁜 점도 많을거야.

 ST에서는 '좋은 점과 나쁜 점'이지만 TT에서는 '나쁜 점'으로 나타났다. 번역자는 ST의 의도가 '나쁜 점'이라고 파악하고 더 중요한 단어만을 선택하면서 자막이 축소됐다. 텍스트 상에 표현적으로 나타나지 않은 의미를 파악하게 해주는 것이 심층결속구조다. 심층결속구조는 상황(context)과의 관계에 따라 보완적 심층 결속구조와 설명적(explanatory) 심층 결속 구조로 나뉜다(Charlottes,1983). Baker는 심층결속 구조의 예를 다음 예문으로 설명하고 있다.

 I went to the cinema. The beer was good.

 표층결속구조는 없지만, 문맥에 의해 극장 안에서 마셨다는 것을 유추할 수 있다. 이것을 보완적 심층결속구조라 한다. 보완적 심층결속구조는 따라서 구체적 상황이 없을 때도 텍스트 자체만으로 의미가 성립하고 그 의미의 개수는 하나다. 그러나 설명적 심층결속구조는 문맥에 따라 의미가 달라진다. 위의 예문은 상황에 따라 다양한 의미를 가질 수 있는데 몇 가지 예를 들면 다음과 같다.

 i) 극장에 영화 보러 갔는데, <u>정작 영화는 형편없었고, 극장 내 맥주 점에서</u>

마신 맥주는 <u>그나마</u> 먹을 만했다.

ii) 극장에 영화를 보러 갔는데 관람 후 마신 맥주는 <u>지난번과 달리 이번엔</u> 맛이 좋았다.

iii) 극장에 영화를 보러 갔는데, <u>관람 중에</u> 맥주를 마셔 <u>술에 취해 영화 내용은 기억이 없다</u>.

상황에 따라 위 문장을 해석하는 방법은 무수하다. 위에 밑줄 친 부분처럼, 발화된 것 이외의 추가 정보를 '함의 (implicature)'라 하는데, 숨어있는 의미다. 함의를 해석하는 기준으로 앞서 소개한 Grice의 협동 원칙은 여전히 유효하다.

제2절 단어 층위별 번역기법

(1) 일반화

일반화란, ST의 어휘에 해당하는 TT 어휘가 없을 때 보다 상위의 의미장(semantic field)을 갖는 단어로 대체하는 것이다. 의미장이란, 유사한 의미 범위를 갖는 단어의 집합이다. 상위, 하위의 구분은 의미가 포괄적일수록 상위, 의미가 제한적일수록 하위가 된다. ST 문화를 담고 있는 영화에서, 번역사는 문화적 배경을 전제로 한 '문화 특정적 (culture-specific)' 의미를 담고 있는 ST 단어에 해당하는 TT 단어가 없을 경우, ST의 단어가 갖는 여러 의미 중 가장 중요한 또는 공통적인 대강의 의미를 갖는 단어를 사용해 축소를 꾀할 수 있다. 이 과정에서 ST의 나머지 의미 또는 메시지는 상실된다. 상실된 나머지 의미 또는 메시지는 번역자에 의해 불필요하거나 중요하지 않다고 판단된 것들이다.

    ST: I need your Green peace petition. [Princess Diaries]
    TT: 환경보호 단체의 지지가 필요했어.

ST의 'Greenpeace'의 온전한 의미가 '1971년 캐나다 밴쿠버 항구에 12명의 환경보호운동가들이 모여 결성한 국제적인 *환경보호단체*'라면, TT에서는 그 중 '환경보호단체'라는 의미만을 선택했다. 나머지 의미와 메시지는 중요하지 않다고 번역자가 판단했으므로 번역을 포기한 것이다. 위의 예에서는 번역사의 판단에 의해 ST의 의미 중 일부만이 선택됐다. 그러나 번역사의 선호와 관계없이 TT의 언어적 제약 때문에 할 수 없이 상위어를 택할 수도 있다. 예를 들어, bus, car, truck, coach 등과 같은 의미장에 속하는 TT 단어가 없을 때[1], 번역사는 이들 단어를 포괄하는 상위의 의미장을 갖는 '차량(vehicle)'을 TT 단어로 선택할 수 있다(Baker, 1992).

    ST: You used to care more about what was inside your head instead of on it. Come on, Mia. Fess up. [Princess Diaries]
    직역: 머리 위에 있는 것 보다 머리 안에 있는 것을 너는 더 중시했다.
    TT: 외모보단 내면을 더 따졌잖아.

ST의 '머리 위에 있는 것'이 모자, 썬 글라스 등의 얼굴과 머리 부위

---

[1] 물론 한국어에는 이들 단어에 대응하는 어휘들이 있다.

를 치장하는 것을 의미하는데 비해, TT에서는 몸 전체의 모습인 '외모'로 처리됐다. ST의 '머리 안에 있는 것'도 마찬가지 방법으로 '내면'으로 처리됐다. 내면이란 추상적인 개념으로 신체의 특정 부위만 관련된 것이 아니기 때문이다. TT에서도 '외모'과 '내면'이 어느 정도 대조를 이뤄 유머효과가 전혀 없는 것은 아니지만, ST의 '머리의 안'과 '머리의 위'가 보다 더 구체적이고, 대조적이며 따라서 유머효과도 더 크다고 할 수 있다. 일반화에 의해서 유머효과가 감소하고 구체화에 의해 유머효과가 증가하는 자막이 자주 발견되는 것은, 역으로 유머효과가 이러한 구체성을 근거로 한다는 점을 알 수 있다. 구체화 기법은 번역자의 단어 선택 폭이 넓어, 여러 대안 중 유머효과를 포함한 번역자가 의도한 여러 효과를 구현할 수 있기 때문이다.

ST: Take her to Radio Shack. [Minority Report]
TT: 그럼 딴 데 가 봐요.

Radio Shack 라는 정확한 장소를 명시하는 대신 TT에서는 '다른 곳'이라는 의미만을 선택했다. Radio Shack에 대한 부연설명에 번역자가 다소 부담을 느낀 것으로 보인다. 번역자는 이를 피하기 위해 Radio Shack라는 표현을 피하고 자신의 주관에 따라 가장 중요하다고 판단한 의미인 '다른 곳'을 자막으로 표현했다. 이 과정에서 ST 단어가 담고 있는 정보나 유머효과 등의 다른 메시지는 상실됐다. Radio Shack도 TT 문화권 관객에게는 생소한 개념이므로 이의 번역과 관련해선 현지화, 중립화, 외국화를 생각할 수 있고 예에서는 중립화에 해당한다. 스크린 상의 제약은 자막수의 제한과 해당 영상의 지속시간(duration)이라는 시간적이고도 공간적인 제한이다. 이런 상황에서 번역사는 ST에 대한 부연설명으로 자막이 지나치게 확장되는 것을 막기 위해 일반화(chunking up) 기법을 선택할 수 있다.

    ST: This facility was designed, built and is operated mechanically. [I, Robot]
    TT: 공장은 전자동으로 돌아가요.

로봇을 대량생산하는 공장을 안내하는 과학자가 한 말이다. ST에서 '설계, 제작, 작동이 자동으로 이뤄진다'는 말이 자막에서는 단순하게 '전자동'으로 요약했다. 전자동(全自動)의 내역을 비교적 상세히 나열한 것이 ST라면 TT는 이를 '요약'한 것이다. 이 과정에서 자막은 축소됐다.

    ST: Now'd those as sorted tank tops work out for you? [Minority Report]
    TT: <u>신상품</u> 좀 둘러보시죠.

패션 매장에 들어오는 손님에게 안내자가 하는 말이다. ST가 구체적인 옷의 종류('tank top')를 명시하고 있지만 자막은 일반적인 단어인 '상품'이 선택됐다. 일반화 등의 번역기법은 동일 품사간의 전환만을 의미하는 것이 아니다. 일반화는 의미를 기준으로 분류하는 것이므로 품사의 전환도 쉽게 예상할 수 있다(Baker, 1992).
    문화예술의 대표적 형태 중 하나인 영화는 번역사에게 문화의 가교로서의 역할을 기대하지만 자막이라는 물리적 제약과 번역사 번역능력 부족 등 다양한 복합적 한계로 인해 TT는 문화의 차이를 충분히 반영할 수 없게 된다. 이 때 일반화 기법은 포괄적, 중립적 개념의 단어를 사용해 자막을 축소하고 핵심 메시지를 전달하는 유용한 기법으로 자주 사용된다. 물론 일반화가 항상 축소로 귀결되는 것은 아니다.

> **ST: Hello, honey pie. I'm impressed. You're on the lam and you still have the time to slice off a little jerky for your self.** [Minority Report]
> **TT: 안녕 아가씨, 대단하쇼! 이 와중에 여자랑 재미 보러 이런델 오시고.**

TT 관객이 익숙지 않을 "Honey pie"라는 이름보다 일반적인 명사인 '아가씨'를 선택해서 간결하게 처리했다. 이 과정에서 'honey pie'가 주는 정보 및 유머효과가 사라졌다. 전문용어가 ST에 나타났을 때 번역자는 TT에서 그에 해당하는 전문적인 단어를 사용하지 않고 대강의 의미를 전하는 경우도 발견된다. 이 경우, 일단 정보의 손실이 발생할 수 있고 부차적으로 전문용어를 사용하는 사람의 직업, 어조 등의 정보까지 상실될 수 있다.

> **ST: I've been examining the plane. You see, the C-119 is a twin-boom design. And the star board boom here isn't damaged.** [Flight of the Phoenix]
> **TT: 비행기를 살펴봤는데 C-119 기종은 뒤쪽이 H형인데, 오른쪽은 멀쩡해요.**

ST의 'twin-boom design'이란 전문용어를 피하고 ST가 의미하는 항공기의 모습을 직접 표현하는 "H 형"으로 번역됐다. Holmes(1998)는 특정 언어의 특징이 그 언어를 사용하는 사람의 사물을 보는 인식과 관점에 영향을 준다는 점을 강조한다. 만약, 어떤 언어가 통합적인 또는 분석적인 특징이 있다면, 그 언어를 사용하는 사람들도 사물을 통합적인 또는 분석적으로 볼 개연성이 크다는 것이다. 이것을 번역에 연관 지어 이해하면 ST에서 통합적인 표현이 TT에서는 반대로 분석적인 표현이 더 적합할 수 있고, 그 반대의 경우도 성립할 수 있다는 것을 의미한다.

예를 들어 영어에서는 brothers, sisters 등 손위, 손아래를 구별하지 않는 '통합적' 표현이 일반적이라면, 한국어에서는 '형' '동생'의 구별이 있어야, 즉 더 '분석적'이어야 자연스러운 것이 그 예라 하겠다. 지난 2002년 예루살렘에서 예수 동생의 관이 발견됐을 때 영어 ST는 'brother of Jesus' 이었지만, 한국의 방송국은 그것이 형의 것인지 아우의 것인지를 확인한 뒤에야 보도를 내보낸 바 있다.

영화번역에서는 종종 앞에서 서술한 바와 같이 정확성을 일부 포기하고 높은 의미장의 단어를 선택함으로써 축소를 선택한다. Katan(1999)은 의미장이 다른 단어를 선택하는 것을 'chunking'이라 불렀고 chunking을 다시 세 부류로 나누고 있다. 이상의 일반화는 Katan에 따르면 'chunking-up'에 해당한다. 그러나 의미장의 선택은 번역자의 의도일 수도 있고 TT의 언어적 제약일 수도 있음은 앞서 언급한 바와 같다. 일반화와 반대의 성격을 갖는 번역기법은 구체화다.

(2) 구체화

ST: **What are you doing? / Insulating.** [The Day after Tomorrow]
TT: 뭐해요? / 보온메리작업

구체화(chunking down)는 번역사의 단어선택의 영역이 넓어진다는 점에서 영화번역에서 빈번한 창작적 시도의 가능성을 제시한다. 위 예문에서 출발어의 "insulating"(단열)이 TT에서 '보온메리 작업'으로 변했다. 한 걸인이 추운 날씨에 내의 안에 신문지를 구겨 넣는다. 이를 보고 의아하게 생각한 사람의 질문에 걸인이 대답한 것이 위의 문장이다. '단열작업'이라는 일반적인 의미의 ST 'insulating'은 유머적 요소가 없다. 그러나 번역사는 '단열작업' 중 하나이면서 해학적 요소가 다분한 '보온메리 작업'이라는 단어를 선택했다. 구체화는 이렇듯, ST의 의미 범주 내에서 자막축소에 기여하면서도 동시에 유머효과 등 부수효과를 극대화하는 단어를 선택할 수 있는 재량을 번역사에게 제공한다.

  ST: Those thoughts about my cousin were just thoughts. [Minority Report]
  TT: 내 사촌 <u>누드 상상</u> 딱 한번 했어요.

 ST에서는 '생각'이라고 표현하고 있으나, TT 자막에서는 "누드 상상"으로 구체화됐다. 통역 실무에서 종종 논란이 되는 '연사(여기서는 화자)가 말하고자 하지 않는 바'가 자막에서 나타난 것이다. 위 자막은, 또한, 외연화의 대표적 용례라고 볼 수 있다. 즉, 외연화를 통해 드러난 화자의 메시지가 TT에서 구체화 기법으로 나타난 것이다. 구체화 기법이 종종 그렇듯 여기서도 자막에서의 유머효과가 ST보다 더 커졌다. 구체화는 일견 '현지화'와 비슷한 기법으로 보이지만, 현지화는 ST의 문화 특정적 단어나 표현을 TT의 문화에 맞게 표현하는 것이고 구체화는 의미장이 낮아지는 것이므로 동일한 용어는 아니며, 현지화는 구체화의 특수한 유형 중 하나라 할 수 있다. 현지화나 구체화는 영화에서 유머효과를 내기 위해 많이 쓰이고 있다는 점은 앞서 언급한 바와 같다.

(3) 대체

  ST: The last chunk of ice that broke off was about the size of the State of Rhode Island. Some people might call that pretty sensational. [The Day after Tomorrow]
  TT: 최근에 <u>홍콩</u>보다 큰 빙하가 녹았어요. 진짜 충격이란 바로 그런 거죠.

유사개념 대응은 ST와 같은 의미를 전달하기 위해 비슷한 의미를 가진 유의어 범주의 단어 중에서 선택하는 것이다. 위 자막의 예에서 미국의 지명인 'the State of Rhode Island.'가 TT에서 '홍콩'으로 바뀌었다. 미국의 'the State of Rhode Island'가 어느 정도 크기인지 TT 관객은 잘 모를 것이라고 판단한 번역사는 TT 관객이 '홍콩'은 크기 정도는 알고 있으리라 판단했고 지명을 바꾸었다. 'pie in the sky'가 '그림의 떡'으로, 즉, 'pie'가 '떡'으로 바뀌는 것도 비슷한 경우다. 이는 대중성 또는 이해 가능성이란 측면에서 이해할 수도 있지만, 번역자는 유사개념 대응을 통해서 축소를 시현하는 단어나 구를 선택할 수 있는 여지가 있다는 것을 알 수 있다.

> ST: Then I hit it with my back of my hand, like I'm chipping ice with an <u>ice pick</u>. [Million Dollar Baby]
> TT: 오른 손으로. 또 <u>송곳</u> 찌르듯. 담엔 오른손.

권투 트레이너인 주인공이 트레이닝 중 한 말이다. ST의 'ice pick(얼음 깨는 꼬챙이)'보다는 '송곳'이 더 이해하기 쉬우므로 자막에 이것이 반영됐다.

> ST: Hey, Miss. Belfor, did you come back for <u>another pair of those chammy lace ups</u>. [Minority Report]
> TT: 벨포 양. 지난번 그 옷 사러오셨나요?

영화 속 미래의 패션매장에서 손님이 가게로 들어서자 생체 인식 센서가 손님을 알아보며 하는 말이다. ST에서는 '끈이 달린 인조가죽 부츠'를 의미하지만 TT에서는 '옷'으로 바뀌었다. 영화에서는 중요한 정보가 아닌 ST의 단어는 일반화, 구체화, 그리고 유의어 등이 사용되는 것으로 보인다. 마치 더빙에서 화면이 close-up 되었을 때 배우와 성우의 발화 동시성이 강화되는 것처럼 단어도 관객의 주의가 집중되지 않는 단어일수록 번역자의 재량은 커진다.

제3절 문화적 관점별 번역기법

문화는 매우 포괄적인 개념이다. 세대를 통해 전수되는 인간의 모든 학습된 행위(Salzmann, 1993)를 일컫기 때문이다. 언어도 '학습된 행위'의 하나라는 점에서 볼 때 언어와 문화를 분리하는 것, 나아가 대비시키는 것은 모순이다. 언어와 문화는 매우 밀접히 연관돼 있다. 언어구조를 통해 문화를, 역으로 문화를 통해 언어 구조를 완벽히 유추해낼 수 있다는 Humboldt의 말은 언어와 문화의 밀접성을 단적으로 보여준다. 번역에 있어서 ST 문화와 TT 문화의 관계는 번역전략으로도 파악될 수 있다. ST 문화에 대한 가치관, 수용자세, 이해도, TT 문화와의 차이점 등이 후술하는 문화적 관점에서의 번역전략을 통해 나타난다.

문학적 관점에서의 번역전략들은, 또한, 자막의 양적 변화와 메시지, 특히 유머효과에 있어 서로 다른 양상을 나타낸다. 문화적 관점에서의 번역전략은 세 가지로 나눌 수 있다. 외국화, 현지화, 그리고 중립화가 그것이다. 이들 세 가지 기법의 비중은, 장르에 따라, 그리고 현지 문화, 정치적 이슈, 후원자의 주문(patronage), 그리고 흥행(marketing concerns)에 대한 고려 등에 의해 영향을 받는다(Hajmohammadi, 2007).

1. 외국화 (foreignization)

외국화란, 번역에 있어 TT의 문화적 요소를 최소화하고 ST 문화를 TT에 최대한 반영하는 번역기법이다. Schleiermacher는 1813년 '다양한 번역기법'이란 제목의 강연을 통해, 번역기법은 결국, 원저자를 가만히 놔두고 번역독자를 저자에게 끌고 가기, 아니면, 번역독자는 가만히 놔두고 저자를 번역독자에게 데려오기(Lefevere 1992)의 두 가지임을 강조했다. 그는 당시 대다수의 번역이 후자인, 저자를 독자에게 데려가는 '현지화'이며, 이를 통해 ST 문화가 TT 문화로 변질되고 있음을 관찰했다. 그는 번역에 있어서 외국화를 통해 ST의 언어적, 문화적 차이를 TT에 그대로 반영함으로써 독자를 이국적인 분위기로 끌고 가야 한다고 주장했다.

Pannwitz 등 일부 학자들도, 번역사가 ST의 강력한 영향력을 무시하고 TT에만 집착하는 것은 중대한 오류라 지적했다. 외국화를 통한 번역은 문화 혁신의 도구로 여겨졌던 것이다(ibid:242). Venuti(1998:244)는 외국화 기법은 주로 문학번역(literary translation)에서 적용돼 왔으며, 실용번역(non-literary translation)에서는 주로 현지화 기법이 사용된다고 말한다. 경제, 과학, 지리 등 정보전달 위주의 실용문에서는 즉각적인 이해를 도출하는 것이 가장 중요하기 때문이라고 한다. 반면에 문학번역은 정보 뿐 아니라 ST의 억양, 함의, 다의적 표현, 상호 텍스트성 등을 TT로 담아내기 어렵기 때문에 외국화 전략을 쓰게 된다는 것이다.

구체적 번역기법으로서의 외국화란, 개개 단어, 특히 ST 명사를 TT에서 소리 나는 대로 적는 것, 즉 '차용'만을 의미하는 것은 아니다. ST 숙어의 직역도 외국화가 될 수 있고, 또는 ST의 문장 전체의 문법구조 유사성 여부에 따라 외국화로 분류될 수도 있다.

비교문체론으로 본 7가지 번역방법(Vinay 와 Darbelnet) 중 세 가지 번역기법, 즉, 차용, 모사 그리고 대어역(또는 자구적 번역)이 대표적인 외국화 번역기법에 해당한다. 차용은 ST를 소리 나는 대로 TT로 옮겨 적은 것에 불과하다.

> ST: I'm not hungry for meatloaf. [The Incredibles]
> TT: 미트로프는 별로 생각 없어요.

모사는 ST의 숙어나 관용 어구를 그대로 직역하는 것을 말한다. 자막에서 모사를 발견하기는 힘들다. 이해가능성이 떨어지기 때문에 사용빈도가 매우 낮은 것으로 보인다. 일반적인 예를 들면, 'hot patato'를 '뜨거운 감자'로 'politically correct'를 '정치적으로 올바른' 식으로 번역하는 경우(최정화, 2001)가 모사에 해당한다. 대어역은 흔히 말하는 일반적인 직역으로 ST의 문법규칙만을 의식한 단어 대 단어의 일대일 대응을 말한다.

> ST: Stay off from my mop and my floor! [The Terminal]
> TT: 내 걸레와 바닥에서 떨어지시오.

ST를 직역한 TT는 매우 어색하다. 주인공 Navorski가 자신이 바닥에 떨어진 음식을 치우기 위해 옆에 있던 걸레자루를 사용하자 청소부가 자신의 도구라며 외치는 장면이다. '남의 걸레에 손대지 마시오.' 쯤이 보다 자연스런 표현일 것이다.

위에서 외국화의 세 가지 기법을 살펴본 바와 같이, 외국화는 단지 개별 단어의 번역에 국한돼 나타나는 현상이 아니며, 단어는 물론, 구(句), 나아가 문장 단위에서도 나타나는 번역기법 임을 알 수 있다.

외국화 번역기법은 보다 거시적인 차원에서 설명되기도 한다. 과거

자국의 언어와 문화를 식민지에 전파하는데 주력했던 제국주의 국가들이 식민지 국가들이 독립한 이후에도 여전히 이들 과거 피식민국 언어에 영향을 미쳐, 이것이 번역의 형태로 나타난 것이 외국화라고 설명하는 학자들도 있다(Venuti, 2000). 이러한 후식민주의(post collonialim)적 사고는 Kussmaul적 관점에서 외국화를 해석하는 것이다.

ST의 언어 구성도 이러 주장을 뒷받침하고 있다. Jackquemond(1992)는 경제적, 군사적으로 강대국이 집중되어 있는 북반구 언어 간의 번역이 압도적으로 많고 남반구 언어 간에는 희소한 점을 그 예로 제시하고 있다. 보다 구체적으로, 남반구 언어가 ST인 번역물이 전체 번역시장에서 차지하는 물량은 1~2%에 불과하며 98%가 북반구의 언어를 ST로 한 것이란 점이다.

외국화 기법은 종종 '번역조(translationese)'로 나타나며 번역되는 과정에서 TT 보다 약세인 ST의 문화와 언어의 정체성이 번역과정에서 상실된다. 조상은(2004)은, 일본어와 한국어의 경우 동일한 한자어가 사용되고 어순이 같기 때문에 기계적 번역이 나타날 가능성이 크며, 이런 번역은 가독성이 떨어진다고 경고한다. Ninaranja(1992)는 기존의 번역학이 다양한 언어 간의 세(勢)적 불균형을 간과해왔다고 주장한다. TT가 주류 언어(major languages)이고 ST가 비주류(minor) 언어일 경우 번역에 있어서 외국화를 거부하는 경향이 강하게 나타나고 있다는 것이다. Basnette와 Trivedi는, 저서 '후기 식민시대의 번역: 그 이론과 실제(1993)'에서, 오늘날 후기 식민시대에 있어 영어가 유일의 주(主)언어(hegemonic language)이며 나머지 국지언어(local languages) 들이 영어에 대항하는 양상이라고 설명한다.

프랑스어와 아랍어 두 언어의 번역을 보면 식민시대 이전과 이후의 번역전략의 차이를 분명히 관찰할 수 있다(Jacquemond, 1999). 식민시대 이전 프랑스어 ST의 이집트어 번역은 이집트 독자의 이해가능성을 위해 현지화전략, 즉 아랍화(arabization) 전략을 사용했을 뿐 아니라 한 걸음 더 나아가 아랍화보다도 더 구체적인 '이집트화(egyptianization)' 전략이 사용되기도 했다. 프랑스어 ST의 문체, 형식, 내용 모든 것을 이집트 독자에 맞춘 번역이었기 때문에 번역이라기보다는 오히려 번안(adaptation)에 가까웠다. 저자의 이름은 나타나지 않았고, 오히려 번역자의 이름은 반드시 명시됐다. 따라서 번역자가 저자보다 더 이름을 날린 경우도 많았다.

그러나 프랑스가 문화 헤게모니를 갖기 시작한 20세기 후반부터 프랑스어 ST의 이집트어 번역에서는 프랑스의 문화, 이념, 도덕 그리고 미적 가치가 강하게 반영되기 시작했다. 따라서 ST 프랑스어 번역에서 아랍어 번역자는 외국화 기법에 주로 의존하는 굴종적 중재자(servile mediator)의 역할을 하게 되고 반대로 ST 아랍어 번역에서 프랑스어 TT 번역자는 현지화전략에 주로 의존하는 권위적 중재자(authoritative mediator)라는 번역방향에 따라 완전히 상반된 역할을 하게 된다(ibid). 번역 방향에 따라 상이한 번역전략이 선호되는 '이중적 패러다임(double paradigm)'을 이 예에서 확인할 수 있는 것이다.

그러나 외국화 기법은 TT에서만 나타나는 것은 아니다. ST에서도 나타난다.

Giovanni(2003)는 동양과 고대 그리스, 중동 등을 배경으로 1991년 출시된 'Beauty and the Beast'부터, 2000년 'Atlantis'까지 매년 출시된 Disney 애니메이션 9편을 대상으로 영어 ST에서의 표현과 이에 대한 이탈리아어 자막을 비교 연구했다. 그 결과 1980년대 후반부터 문화적인 이질성을 강조하는 ST에서의 대사가 많아졌음을 발견했다. 그러나 문화적인 이질감을 줄이고 친숙하게 다가가기 위해 다음 기법의 사용이 빈번함도 발견했다. 1) 비교적 잘 알려져 있는 다른 문화의 유명한 지명이나, 사물, 인물을 언급하는 것이다. 예를 들면, 'Aladdin'에서 서구에서 비교적 잘 알려진 지명에 착안해 "Agrabah에 오신 걸 환영합니다."라고 영화 도입부에서 말한 것이라든지, 등장인물 중 하나인 상인이 "요단강변에서 가장 품질 좋은 물건"이라는 선전문구 중 '요단강'이 그것이다. 즉, 이국적인 단어들이지만 이미 문화적으로 서구의 관객에게 친숙한 지명이나 명사를 통해 이질감을 줄이고 있다. 2) 원작의 배경 문화나 단어를 영어 ST의 구어 표현이나 숙어에 삽입하는 것이다. 예를 들면, 'Hercules'에서 Hercules를 안내하던 Philocetes가 '오직 하나뿐인 Thebes시(市)'를 'The Big Olive'라고 표현한 것도 New York을 나타내는 표현인 'the Big Apple'을 흉내 내고 동시에 그리스의 대표적인 과일인 올리브를 함께 표현해 이질감을 극소화하고 있다.

대중문화의 일부인 영화에서는 배경 문화권의 잘 알려진 음식이 해당 문화를 상징하는 준거로 자주 언급되고 있다. 음식문화가 빠른 속도로 국제간에 전파되면서 특정 음식이 특정문화를 상징하는 심벌이 되고 있음을 보여주는 것이다. 이는 외국화 기법을 통해 이국적인 뉘앙스를 극대화하기 위한 것이지만 특정 문화의 대표적 음식만으로 한정함으로써 TT 관객의 해당 배경문화에 대한 이해가 부족한 점을 고려한 것이다. 제우스신이 아들 Hercules를 껴안으며, "무사카가 목에 걸린 후 이렇게 목이 메긴 처음이다."라고 중동의 대표음식을 표현한 것이 그 예이다. 3) 상황을 묘사하는 나래이션에 현대 서구문화나 미국문화 특유의 단어나 표현을 삽입하는 것이다. Hercules를 'Person of the Week'로 표현한다거나, 'honest-to-Zeus truth'라고 표현한 것이 이에 해당한다.

이러한 현지화 기법에 대해 비판론자들은, '국제문화의 서양화' 또는 '미국식 표현의 무분별한 사용'이라고 주장한다. Sadar는 그의 저서

'Orientalism'에서 Aladdin 같은 영화를 '문화적 폭력'이라며 비판했다.

영화의 주목적은 가급적 많은 수의 관객에게(흥행수입의 극대화) 최대의 엔터테인먼트를 제공하는 것이다. 외국화 기법에 의한 영화번역은 ST 문화의 제도, 인간관계, 사회관습 등을 왜곡하지 않고 그대로 반영하는 특징을 갖는다. 따라서 외국화 전략은 ST의 언어와 문화를 그대로 TT 관객에게 가감없이 보여줄 수 있다는 장점이 있다.

외국화는 영어권 문화에 대한 이해도가 갈수록 높아지고 있는 이 시대엔 특히, 영미(英美)의 문화적 요소를 반영함을 의미한다. ST에 언급되는 많은 외국 상표, 외국 음식에 한국 관객들은 더 이상 낯설지 않다. 따라서 ST 대사 또는 영상의 특정 문화 지표들을 청자들이 충분히 이해를 하고 있다면 굳이 한국의 그것에 해당하는 것으로 바꿀 필요가 없게 된다(장민호, 2004).

Oittinen(2000)는 'Alice'의 핀란드어 번역본 3권을 출판 연도별(1906, 1972, 1995)로 비교 분석했는데, 최초 번역인 1906년판에서는 현지화 기법이 두드러진 반면, 그로부터 자그마치 약 90년이 지난 1995년판에서는 '영미권의 문화가 핀란드에 그만큼 알려지고 익숙해짐에 따라' 외국화 기법이 가장 많이 쓰인 것으로 나타났다. 문화라는 거대한 인지적 보완소 (cognitive complements)에 대해 ST 독자와 TT 독자가 공유하는 부분이 많아지면 번역자는 그만큼 '설명'의 부담이 줄어들게 된다는 것을 이 연구를 통해 알 수 있다.

2. 현지화 (localization)

ST의 단어와 명제적 의미[2]는 다르지만 유사한 의미와 뉘앙스(impact)

---
[2] '사전적 의미'로 보면 된다.

를 갖는, 독자에게 친숙한 표현으로 번역하는 것을 말한다. 번역에 있어서 현지화의 역사는 매우 길다. Nietzsche는 '번역이란 정복이다.'라고 말한 것은 번역을 통해 TT 문화와 언어에 ST의 언어와 문화를 동화시킨다는 것을 의미한다.

자막은, 때로 정치적 선전도구(political apparatus)로 활용되어 관객의 이데올로기에도 영향을 준다(Shocaht & Stam, 1980). 영화 번역에서도 현지화 기법이 나타나지만, 영화번역에서의 현지화기법은 주로 유머효과를 증가시키기 위해 사용되는 경우가 대부분이다.

  ST: Remember this name, Oscar the Shark-slayer! [Shark Tale]
  TT: 내 이름 명심해. '상어 잡는 해병대' 오스카!

일반 번역에서 번역자가 ST 단어의 명제적 의미를 일탈하는 다른 어휘를 TT에서 사용한다는 것은 매우 예외적이다. 현지화에는 세 가지 전제조건(Baker 1992)이 있다. 첫째, ST의 명제적 의미에서 벗어나는 번역을 해도 좋다는 번역발주자의 명시적 위임이 있거나, 둘째, 번역의 전반적 목적이 그러한 번역기법을 정당화해 줄 수 있거나, 마지막으로 해당 지역의 번역 관행이 그러한 번역기법을 묵시적으로 인정하고 있는 경우가 그것이다.

첫째, 번역발주자의 주문[3]이다. 영화번역 발주자가 명시적으로 번역자에게 현지화 기법을 주문하는지는 파악돼지 않았지만, 대체로 엔터테인먼트 요소를 최대화하기 위해 암묵적으로도 주문이 있을 것으로 보인다. 나머지 두 조건, 즉, 번역의 목적과 번역관행이라는 측면에서

---

[3] 번역 고객의 주문사항은 '번역개요서'(translation brief: TB)의 형태로 문서화되기도 한다. TB는 일종의 번역 계약서로도 볼 수 있는데, 이럴 경우, 번역전략은 TB의 내용에 기속된다.

현지화는 그 근거를 찾을 수 있다. 결국, 영상 번역자의 재량에 따라 자막번역이 이루어지며, 이러한 재량에 대한 신뢰는 번역자의 역량에 비례할 것이다. 몇 몇 영상번역자들이 외화번역 일거리를 거의 독식하다시피 하는 한국영화번역 시장의 실태를 봐도 알 수 있다.

그러나 현지화 기법은 한계가 있다. 근본적인 이유는 자막은 영상을 이해하는 데 필요한 보조수단(supplement)에 불과하다(Fong, 2003)는 점이다. 관객에게 가장 중요한 것은 영상이다. 영상이 주는 시각적, 청각적 정보를 자막을 통해 변화시키는 것은 한계가 있다는 점이다. 즉, 보조수단에 불과한 자막이 영화전체를 '현지화'시킬 수는 없는 것이다. 김정우(2004)의 영한번역소설 연구, 이창수(1999)의 공손성에 관한 연구, 김순영(2006)의 영화 제목 번역에 관한 연구들이 공통적으로 보여주는 것은 서양문화에 대한 친숙도가 높아지면 문화적 층위에서의 번역기법도 그에 비례해 외국화가 빈번해진다는 것이다.

3. 중화 (neutralization)

중화는 문화 특정적인 ST의 표현을 TT에서 살리기를 포기하고 대신 '중립적(neutral)' 의미만을 전달하는 기법이다. 중화는 ST가 갖는 여러 의미 중에서 가장 중요한, 또는 번역자가 가장 중요하다고 여기는 의미를 선택해 문화특정성(culture specificity)이 없는 TT 단어로 대체하는 것이다. TT 독자들에게 익숙하지 않은 단어를 사용하기 보다는 ST 독자들 사이에 공유되는 인지적 보완소를 이용해 표현하는 것이다. 중화는 번역사의 입장에서 볼 때 여러 가지로 편리한 기법이다. 먼저, 번역사는 여러 선택 가능한 중립적 표현 중에서 가장 짧은 단어를 선택함으로써, 자막수의 제한을 준수할 수 있다. 또 다른 특징은 위 예문에서 보듯,

노골적인 표현을 중화시켜 보다 넓은 관객층에 호소하는 영화를 만들 수 있다는 것이다. 영화에서의 저속한 표현, 욕설 등은 실제로 상당히 완화되어 번역(더빙)되고 있는 것이 현실이다.

장민호(2005)는 ST의 유머효과가 TT 자막에서 어떻게 표현되고, 그 과정에서 초래되는 유머효과의 증감을 관찰했다. 네 편의 영화를 대상으로 한 분석 결과, 중화가 가장 많은 빈도(13/30)를 나타냈고, 그 다음이 생략(9/30), 현지화(5/30) 그리고 외국화(3/30)의 순이었다. 즉, 유머효과 감소를 수반하는 중화와 생략기법이 전체의 70%로 나타났다. 현지화와 외국화가 유머효과를 감소하는 지는 물론, 관객에 따라 다르다. 유머효과는 느끼는 사람의 주관이며, 영화가 주는 유머효과는 영상과 자막이 복합적으로 그 효과를 나타내므로 자막만을 대상으로 그 효과를 판단할 수는 없기 때문이다.

문학번역의 경우, 많은 문화권에서는 이미 외국화(exoticizing translation)기법이 일반적으로 관찰되고 있다(Trosberg, 1997, Hickey, 1998). 한국에서도 할리우드 영화의 제목에 있어서는 외국화기법이 과반수인 것으로 나타났다. 김순영(2006)은 영화 제목의 번역유형을 연구한 결과, 제목 유형을 음차(32%), 직역(27.6%) 그리고 명시화 및 창의(40%)로 나눌 수 있음을 발견했다. 이중 음차와 직역을 외국화로 분류한다면, 외국화의 비중은 약 60%가 되는 셈이다. 이러한 연구결과에 대해, 그는, 한국 관객에게 영어와 서양문화에 대한 친숙도가 높기 때문이라고 해석한다.

외국화도 아닌 현지화도 아닌 제 3의 접근방법을 생각해 볼 수 있는데 바로 '국제화(internationalization)'다. 국제화는 외국화 기법이 TT 독자에게 너무 생소할 경우, ST 독자와 TT 독자가 국제적으로 공유하는 인지적 보완소에 근거하여 번역하는 전략을 말한다. 국제화기법을 사용하면, 외국화기법의 사용으로 인한 생소함이나, 현지화로 인한 유머감소를 어느 정도 막을 수 있는 장점이 있고(Lorenzo, 2003), 중립화로 인해 ST의 문화 특정적 메시지가 누락되는 것도 어느 정도 줄일 수 있다.

외국화와 현지화 그리고 중립화의 의미와 관계에 대해서 Gambier (2003)는, 이들 기법은 상호 배타적인 번역기법이 아니며, 영상물은 '외국적(foreign)'으로 느껴질 정도로 달라야 하고, 관객의 시선을 계속 유지할 만큼 관객이 기존에 친숙해 있는 것과 유사해야 하며 또 외국적이라 해도 관객이 받아들일 수 있는 한도 안에 머물러야 한다고 지적하고 있다.

4. 생략

생략은 번역하지 않는 것이다. 그러나 역설적으로 영화번역에서는 중요한 '번역'기법의 하나다. Diaz-Cintas에 따르면 생략이란, 영화의 언어외적 기호를 활용하려는 영화번역사의 의지이며, 따라서 자막의 품질평가는 번역된 부분과 생략된 부분을 함께 고려해야 온전한 평가를 내릴 수 있다고 할 정도로 생략은 자막번역의 중요한 기법이다. 생략의 특징은 자막의 축소에 있어 큰 부분을 차지한다. 생략은 TT의 분량을 '획기적으로'(Baker, 1992) 줄여주기 때문이다. Heikal(1987)은, 번역사는 필요한 배경지식을 독자에게 제공하기 위해 TT를 확장할 수 있을 뿐 아니라, 독자가 이미 알고 있다고 판단되는 정보를 담은 ST는 TT에서 삭제할 수 있다고 설명한다. 영화번역사는 TT가 허용되는 글자 수를 초과할 경우, 메시지의 감소가 최소화하는 한도 내에서 TT를 생략할 것이다. 생략은 또한 구어체의 반복적인 특성에서 합당한 근거를 찾을 수 있다. 일상의 언어가 영화에 반영되므로 일상 언어의 반복적인 성향도 그대로 ST에 반영될 것이고, 자막은 먼저 ST에서 반복돼는 발화를 압축하면서 자막을 축소하기도 한다.

a)
ST: **Forget what I said about trying head south. It's too late for that**. The storm is just gonna get worse. [Day after tomorrow]
TT: <u>거길뜨지마</u>. 폭풍이 거세질거야.

b)
ST: **She has a hat. Do you really think wearing that hat will keep people from seeing your new Lanna-do? Just because the student population might be morally bankrupt doesn't mean they're blind.** [Princess Diaries]
TT: 모자까지 샀니? 모자를 눌러쓰면 변질된 게 가려질까봐? 남들이 네 변질을 눈치 못 챌까봐?

c)
ST: That's too hard. <u>Relax your hand</u>. Relax your hand. [Aviator]
TT: 너무 꽉 쥐었어. 긴장 풀어

앞서 서술했듯, ST 발화의 반복성에 기인한, 생략의 기법은 전체생략과 부분생략으로 양분할 수 있다. a)에서 앞서 발화된 내용을 TT에서 생략했고, b)에선 부가적인 정보를 담은 ST를 TT에서 생략했고. c)에선, 단순 반복 발화를 TT에서 한번만 자막으로 표시했다.

ST: Jeff, do I have to remind you what happened <u>last week</u>? [Black Dog]
TT: 제프, 지난번 일 잊었어?

출발어에서의 'last week'이 자막에서 생략됐다. "지난 주"라는 특정 시간이 주는 정보가 영화의 흐름에 큰 영향을 주지 않기 때문에 번역자는 생략한 것이다.

ST: I don't give a shit what Mr. Carlos said. I got a bunch of loads going out. Indeed this one today. [Black Dog]
TT: 화물이 산더미처럼 쌓였어. 오늘 끝내.

ST의 일부 또는 전부가 자막에서 생략되어도 ST 화자(배우)의 표정, 음성으로 그 의미가 전달될 때 생략 기법은 더욱 정당화된다. 예문에서는 "I don't give a shit what Mr. Carlos said" 부분이 생략됐다. 화자의 Mr. Carlos에 대한 감정이 앞선 화면에서 소개됐으므로 그 감정을 표출하는 반복되는 정보를 담은 이 문장이 생략된 것으로 보인다.

ST: Exactly, I'm in the elevator. See you in a minute. [Mr. Hitch]
TT: 나 엘리베이터 탔어.

뒷부분인 "See you in a minute."이 생략됐다. 인사가 비교적 빈번한 문화권인 ST문화와 그렇지 않은 TT 문화의 차이가 자막의 생략으로 나타났다.

앞서 살펴본 것처럼 영화 스토리의 흐름, 영상의 보완 작용 등에 대한 번역자의 주관적인 판단에 따라 생략이 이루어지며 이는 축소에 상당히 큰 비중을 차지함을 알 수 있다. 생략 역시 스토리의 흐름 등 언어 외적인 요소와 더불어 앞에서 언급했듯, TT의 언어적 특성과 문화적 특성이 근거일 수 있다.

영어 ST에 대한 그리스어 번역의 예를 들면(Sidiropoulou 1998), 영어

기사의 그리스어 번역판에서 12,000개 단어 분량의 영어 ST와 그리스어 TT를 비교한 결과, 영어 ST에는 없던 '인과관계를 나타내는 단어'가 그리스어 TT에서 나타난 것을 관찰했다. ST에서 인과관계를 나타내는 단어는 거의 전부 TT에 나타났고, 여기에 추가로 ST에 나타나지 않았던 인과관계를 명시하는 단어가 그리스어 TT에서 나타난 것이다. 인과관계를 나타내는 단어(또는 구)인 so, so… that, with the result that…, X is the answer, of course, The reason is, since, because, given, however, but 등의 의미를 가진 TT 그리스 단어가 추가된 것이다. 영어와 그리스어의 언어적 특성을 비교했을 때, 그리스어의 경우 논리흐름을 명시하는 접속사 등의 연결어가 영어보다 더 많다는 것이다. 연결어의 사용빈도가 적은 ST에서 연결어의 사용빈도가 많은 언어의 TT로 번역하면, TT가 그만큼 더 확장된다는 것을 알 수 있다.

스토리의 흐름에서 큰 비중을 차지하지 않는다고 번역자가 판단한 ST의 단어가 TT에서 생략되기도 한다.

> **ST**: Now, it's supposed to be <u>64 and clear</u> tonight, so when you leave the club, walk a little. [Mr. Hitch]
> **TT**: 오늘밤은 <u>맑</u>다니까 클럽을 나오면 걸어요.

ST에는 온도와 날씨가 나와 있지만 자막에서 온도는 생략됐다.

> **ST**: Let me get <u>a Bomb pop and a Screw Ball</u> or the lady. [Mr. Hitch]
> **TT**: 아이스크림 <u>두개</u>요.

ST에서와는 달리 자막에서는 아이스크림 브랜드를 명시하지 않고 단지 '두 개'로 수량만 표시됨으로써 자막이 축소됐다.

TT의 화용4상의 특징에 의해서도 자막은 축소된다. 한국어에서 주어, 목적어 그리고 소유격 대명사 등이 자주 생략되며 ST 관사는 TT 한국어에는 존재하지 않으므로 역시 번역되지 않는다. ST에 문법이나 화용에 의해 자주 나타나는 품사나 단어가 TT에서 매번 생략된다면 그 축소 효과는 클 것이다.

---

4 Pragmatics. 언어가 실제로 사용되는 양상 또는 그에 관한 이론을 의미한다. 통사(syntax), 문법(grammar) 등과 대조되는 개념이다.

제5장 자막과 메시지 변화

 자막의 시간적, 공간적 제약 등의 이유로 TT가 축소될 경우 이는 종종 메시지의 변화로 직결된다. 간결함과 개인어의 양자 선택에서 고민해야 하는 영화번역으로 인해, 영화번역이 갖는 두 가지의 약점은 언어역(register)과 인간관계적 메시지의 변화다(Remael, 2003). Baker(1992)는, 번역에서는 ST가 담고 있는 의미가 어느 정도 감소되거나, 추가되거나 왜곡되는 것이 불가피한 경우가 많다고 지적하면서 그 이유로 두 개의 언어체계가 다른 한, 똑 같은 의미를 갖는 어휘나 표현을 일대일로 대응시키기는 곤란하기 때문이라고 지적한다.
 축소 과정에서, 예를 들면, 중립적인 언어(neutral language register)를 선택했을 경우에도 메시지의 상실이 발생한다(Russo, 1997). Tomaszkievicz(1996)은 ST에서 말 바꾸기, 인사말, 잘못 시작된 말, 부연설명, 끝맺지 못한 말, 공손한 표현 등이 자주 생략된다고 말한다.
 공손한 표현일수록 길어지는 것이 보통이다. 예를 들면, 명령형의 문장을 공손하게 표현할 경우, 권유형, 의문형, 선언형 등으로 바뀌면서 길어진다(Holmes, 2001). 호칭 역시 마찬가지다.

자막의 양적 축소의 필요성이 자막 축소를 무조건 정당화시키는 것은 아니다. '짧을수록 좋은 자막'이라는 명제가 항상 성립할 수 없는 것이다. 영화번역도 번역의 일종으로서 축소 현상뿐 아니라 확장현상도 당연히 나타난다.

축소로 인한 메시지 상실은 번역사에게 부담 또는 죄책감으로 작용한다. 이러한 부담감에서 벗어나기 위해 번역사는 '보상(compensation)'이라는 번역전략을 사용한다. 축소를 통해 일단 시간적, 공간적 여유를 확보한 번역사는, 축소로 인해 그동안 상실된 메시지를 보충하기 위해 적절한 시점에서 여유시간과 공간을 활용해 상실된 메시지를 추가한다. '보상'을 통해, 번역사는 축소로 인한 부담감에서 벗어난다(Baker, 1992).

제1절 정보의 변화

1. 정보량의 변화

TT의 축소는 ST의 정보의 양을 줄일 수 있다. 단어의 수가 줄어들면 일단 텍스트가 담는 정보의 양이 줄어들 것이라는 것은 상식에 근거해 쉽게 예상할 수 있다.

ST: Let me get a Bomb pop and a Screw Ball for the lady. [Mr. Hitch]
TT: 아이스크림 두개요.

아이스크림을 주문하는 남성이 데이트 상대인 여성의 취향에 맞춘 아이스크림을 주문하는 행동으로, TT에서는 아이스크림의 종류와 대상이 사라지고, 수량만이 표시됐다.

> ST: Now, it's supposed to be <u>64 and clear</u> tonight, so when you leave the club, walk a little. [Mr. Hitch]
> TT: 오늘밤은 <u>맑다니까</u> 클럽을 나오면 걸어요.

위 예문에서는 TT에서 온도에 관한 정보가 상실됐다.

> ST: <u>Actually, you're lucky.</u> I don't sue you for injuries sustained when I picked up those file boxes. [Laws of Attraction]
> TT: 저 서류 상자를 들다가 상처 입은 건 고소 안 할게요.

위 예문에서 '…를 다행으로 아시오.'라는 부분이 생략됨으로써 화자가 생색을 내는듯한 뉘앙스가 사라졌다.

축소, 특히 생략은 자막수의 제한을 충족하고, 가독성을 증진시키기도 하지만, 그에 대한 대가로 종종 정보가 희생된다. 전문용어를 번역할 경우 부연설명을 하면 자막이 길어질 가능성이 높기 때문에 번역사는 생략 등 축소 전략을 사용할 개연성이 매우 높아진다. 예를 들면, 법률, 과학 등을 주제로 하는 영화에서는 ST의 어휘가 갖는 정보량이 상대적으로 많아, 자막이 축소할 경우 정보량도 함께 감소할 것으로 기대된다.

영상 등 인지적 보완소에 의해 보충되지 않는 자막의 양적 축소는 직접적인 정보량의 축소로 연결된다. 누락된 정보가 얼마나 중요한 지는 문맥에 따라 다르고 종류도 다양하다. 번역자는 누락된 정보의 중요성 여부를 스스로 판단해 선택할 수 밖에 없다. 스토리의 흐름에 지장을 초래하는지 여부가 최우선 기준이 될 것이다. 그러나 특정 어휘의 생략이 스토리의 흐름에 지장을 초래하지 않는다 하더라도 다른 차원에서 메시지의 감소가 일어날 수 있다.

ST: I cite "Gibbon v. Masters-treacherous conditions in the work place." [Laws of Attraction]
TT: 직장 내 위험요소에 대한 판례도 있어요.

ST에서 소송 사건의 이름을 언급했지만, TT에서는 이것이 생략되고 대신 ST 뒷부분에 나온 사건의 개요만을 언급했다. 소송 사건의 이름은 생략됐지만, 사건개요가 설명됨으로써 스토리 흐름의 왜곡과 정보의 손실은 어느 정도 막을 수 있었다. 그러나 'Gibbon v. Masters'라는 표현이 주는 다른 의미, 예를 들면, ST 발화자가 법 전문가라든지, 잘난체하는 뉘앙스라든지 등의 등장인물에 대한 묘사나 성격에 관한 정보는 누락됐다.

ST에서 "I hope you won't be late."이라는 문장을 TT 자막에선 "늦지마"라고 번역할 경우 ST에 들어있는 화자의 감정('I hope')에 관한 정보가 사라진 것이다. 텍스트가 갖는 두 가지 이상의 의미, 즉 중의적 표현을 Callow(1998)는 형식적 중의법(apparent double import)과 순수한 의미의 중의법(genuine double import)으로 나눈다. 형식적 중의법은 두 개 이상의 의미 중 특정 의미(준거 의미: referential meaning)만 강하고 나머지는 부차적인 경우를 말한다. 위의 예에서 'I hope' 부분이 부차적이다.

대조적으로 순수한 의미의 중의법은, 준거 의미를 제거해도 여전히 또 하나의 다른 의미가 확연히 남는 경우다. Callow는 다음과 같은 예문을 들고 있다. 한 친구의 소재를 묻자 상대방이 "Robert란 친구와 또

나갔어"라고 응답했을 때, 질문한 사람은 소재에 관한 정보와 함께, 친구에 대한 응답자의 못마땅해 하는 감정까지 함께 전달받은 것이다. 즉, 형식적 중의법이 원 메시지를 강조하거나 반복한 것인데 비해, 진실한 중의법은 독립된 두 개 이상의 의미(import)를 전달한다. 순수한 의미의 중의를 가진 ST에 대해 자막의 축소가 이뤄질 경우 TT에서는 유머효과 등 ST의 메시지가 감소할 수 있는 것이다.

Chaume(2004)은 담화의 특징 중 하나로 화자의 의도를 반영하는 담화표지가 번역에서 어떻게 나타나는지를 관찰했다. 그가 대상으로 삼은 담화표지는 now, oh, you know, you see, look, I mean 등의 6개였다. 이들은 구어체 영어에서 별다른 의미 없이 습관적으로 자주 쓰이는 단어 또는 어구들이다. 먼저, Chaume은 이들 담화표지들이 스페인어 TT에서 번역형태별로 어떤 빈도로 나타나는 지를 관찰했다. 관찰 결과 이들이 번역되는 빈도는 일반번역에서 가장 많았고, 뒤를 이어, 더빙 버전, 자막 버전이었다. 자막에서 담화표지가 가장 덜 나타난다는 점은 담화표지가 갖는 메시지가 자막에서 가장 크게 감소한다는 것을 의미한다. 이 연구는 비록 그 대상이 담화표지에 국한된 것이지만, 자막번역과 더빙번역, 나아가서 영상번역과 출판번역에서의 번역의 충실성을 비교한 연구라는 데에 그 의의가 있다.

2. 정보구조의 변화

축소에 의한 정보의 변화는 또 다른 측면에서 고찰할 수 있다. 바로, ST와 TT에 있어서의 '정보 구조(information structure)'의 변화다. 정보구조는 텍스트 내에서의 정보의 분포 양상을 의미한다. 정보구조의 대표적인 형태는 theme/rheme의 개념이다. Theme/Rheme이라는 용어를 사용한 것은 20세기 초의 언어 철학자인 Hermann Amman이다. Amman은 이 두 개념을 사고 층위의 두 성분으로 설명하였고 theme은 묘사의 '대상,' rheme은 화자가 청자에게 theme에 대해 전달하는 묘사의 '내용'이다.

표현을 구성하는 한 요소가 나타내는 거리가 멀수록, 혹은 그 무게(비중)가 클수록 뒤로 밀리는 경향이 있다(박남식, 1985). 따라서 theme은 주제, rheme은 실질적 정보를 담는 부분이 된다. 그러나 한국어에서는 대체적으로 이와 반대다(박남식, 1985). 즉, 영어의 구조적 특성은 주어(주제) 중심적인데 비해, 한국어의 구조적 특성은 화제 중심적이다. 왜냐하면, 한국어는 술어를 중심으로 하는 용언 중심의 언어이고, 영어는 주어를 중심으로 하는 개념 중심의 언어이기 때문이다(이규호, 1974).

    ST: **I'm not hungry for <u>meat loaf</u>.** [Mr. Incredible]
    TT: <u>미트 로프</u>는 별로 생각 없어요.

    ST: **Nice to meet you, <u>again</u>.** [Mr. Incredible]
    TT: <u>또</u> 만나서 반갑소.

이것이 영화번역에 시사하는 것은 번역사가 ST의 단어 중에서 ST의 뒤 쪽에 위치하는 문장의 번역에 치중할 것이라는 점이다. 정보의 무게 중심이 뒤쪽에 있기 때문이다.

    ST: **Just keep yourself <u>calm</u>. I'll be down there <u>as soon as I can</u>.** [Princess Diaries]
    TT: <u>진정해요</u>. <u>즉시 갈게요</u>.

ST: Mr. O' Connell. <u>there's a school rule that says</u> no body's allowed to wear hats in class. [Princess Diaries]
직역: 선생님, 수업 때 모자 쓰면 안 된다고 학칙에 나와 있죠? (중략)
TT: 선생님, 수업 때 모자 쓰면 안 되는 거죠?

자막에서 ST의 앞부분은 생략됐다. 정보의 함량이 적기 때문이다. Greenbaum(1990)은 정보의 초점(information focus)이 문장 뒤로 갈수록 커진다는 것에 착안해 문미 초점 원칙(Principle of End Focus)을 제안했다. 독자와 공유된 기존 정보는 앞에, 새로운 정보는 뒤에 배치하라(Kopple, 1986)는 것이다. 정보의 무게는 보통 주제부(theme)보다는 술부(rheme)에 집중되므로, 대체적으로 주제부는 기존 정보이고 술부는 새로운 정보가 된다. 번역에서는 이러한 원칙이 문법구조가 다른 TT에서 준수되지 않을 경우, 메시지의 왜곡이 발생할 수 있다. 새로운 정보가 기존의 정보로 바뀌어 번역될 수도 있다. 축소과정이 그에 기여하기도 한다.

ST: Ask her what was her <u>favorite photograph</u>. [Mr. Hitch]
TT: 제일 <u>좋았던 게</u> 뭐였는지.

ST의 '마음에 든 사진과 그 이유'가 TT에서 '좋았던 것'으로 번역됐다. 사진 전시회에서 보는 '것'은 당연히 사진이지만, ST에서 화자는 고의로 '사진'을 명시함으로써 새로운 정보로 취급하고 있다. 그러나 TT에서는 부정대명사 '것'으로 번역되면서 번역자는 '사진'은 전시회에서 당연히 볼 수 있는 것으로 판단했고 따라서 ST에서와 달리 '사진'은 기존 정보로 처리됐다. 결과, TT는 축소됐다. 이것이 번역사의 축소하려는 의지에 기인한 것이라면, 축소에 의해 메시지가 왜곡된 것이다.

3. 유머의 변화

Lasswell(1948)은 매스미디어의 3대 기능으로, 환경감시, 사회 각 분야의 유기적 관계설정, 그리고 문화의 차세대 전달을 들었다. Wright(1959)는 여기에 제 4의 기능을 추가했는데 바로 오락(entertainment)이다. 오락기능을 통해 매스미디어는 일상에 지친 개인들에게 휴식을 제공한다.

영화는 매스미디어의 하나로써 그 모든 기능을 수행하지만 특히 오락의 기능이 가장 크다. 영화의 오락성은 스토리 구성, 배우의 연기, 표정 등 다양한 요소로 인해 연출되며 자막도 그 중 하나다. TT 관객의 입장에서 영화의 오락성은 번역자막에 반영된 유머효과를 통해 표출되는 부분이 클 것이고, 이는 자막의 축소과정 과정에서 감소할 것으로 예상된다.

Raskin(1991)의 'script 이론'에 따르면, 유머효과의 창출은 기존 지식체계와의 모순에서 비롯된다. 이 이론에 따르면 특정사건이나 사물에 대한 조직적 정보 일체를 의미하는 'script'는 다른 말로 화자에 의해 내면화된 화자의 세계관, 행동원리 등이라 할 수 있으며, 유머효과는 script와의 모순에 근거한다는 것이다.

유머효과는 6단계로 구성된다. 언어, 상황, 화법, 대상, 논리, 그리고 script와의 모순이다. 이런 이유로 유머효과는 번역자의 창의성이 시험되는 분야이기도 하다(Asimakoulas, 2004).

자막수의 제한은 번역사에게 일반번역과는 다른 추가적인 부담으로 작용한다. 물론 영상을 통해 자막의 부족함을 보완할 수 있다는 점에선 일반 번역보다 유리한 점도 있지만, 영상이 항상 자막을 보완하는 것은 아니다. 따라서 자막의 양적 축소가 유머효과의 감소로 이어질 개연성이 크다. 자막의 양적 축소를 염두에 둔 번역사는 축소를 선택하고 ST

의 유머효과는 포기할 수도 있다. 축소를 위해 유머효과를 포기하고 ST의 중립적 의미만을 전달하는 중립화 기법이 그런 경우이다.

> ST: Basic principles: No matter what, no matter when, no matter who, any man has a chance to sweep any woman off her feet. Just need a right broom. [Mr.Hitch]
> TT: 기본법칙: 어떤 상황이든, 상대가 누구든 여자를 사로잡을 기회는 충분합니다. 방법만 안다면.

'어떤 여자라도 얼마든지 유혹할 수 있다'라는 뜻으로 ST는 유머효과를 노리고 있지만, TT에서는 이러한 유머효과가 사라졌다. ST에서는 'sweep(쓸다)'과 'broom(빗자루)'을 이용해 유머효과를 노렸지만, 자막에서는 '쓸다'와 '빗자루'의 두 단어가 사라지고 대신 '사로잡다'와 '방법'으로 바뀌면서 유머효과는 사라지고 대신 핵심 의미만을 전달하는 중립화 기법이 사용됐다. 감흥보다는 정보, 즉 사실적이고 중립적인 의미만을 택한 것이다.

> ST: No, I can't. This is a royal secret. You can't tell anyone. Noteven Michael. Especially Michael. You are sworn to secrecy. [Princess Diaries]
> TT: 비밀이야, 누구도 알면 안 돼. 특히 마이클은 ,지킬 거지?

ST의 'royal secret'이 TT에서는 '비밀'로 번역됐다. 자막은 축소됐지만 ST의 유머효과는 사라졌다.

> ST: That way, when it's your turn to talk, you have something better to say than I like your mouth.[Mr. Hitch]
> TT: 괜히 얘빠져서, 넋 놓고 있단, 말짱 꽝예요.

자막에서는, 여자의 미모에 빠져 '넋 놓고' 있다가 남자가 내뱉는 말, 즉 '정말 입술이 예쁘군요.'가 생략됐다. 얼빠진 상황에서 내뱉는 말이 자막에 반영됐다면, 유머효과는 더 커졌을 것이다. 그러나 번역사는 자막수가 늘어나는 것을 부담스럽게 생각한 듯 역시 중립적인 자막을 만들었다.

영화가 정보보다는 감흥을 전달하는 오락적 요소가 짙다는 점을 상기할 때 영화번역은 상당히 많은 감흥적 요소, 특히, 유모효과가 배제되고 있다. 말장난을 통해 유머효과를 노릴 경우, TT에서 그것을 반영하기란 매우 곤란하다. 이럴 경우 출판번역이라면, 역자주나 각주를 달아 그것이 왜 웃긴 것인지를 설명할 수 있지만, 영화번역의 경우는 불가능하다.

영상번역에 있어 유머효과의 변화에 대한 선험적 연구는 Luque(2003)가 최초다. 지금까지의 영화번역의 연구는 번역의 과정이나 결과를 텍스트만을 대상으로 때에 따라 규범적[1] 또는 기술적[2]으로 묘사해왔지만, 최종소비자인 관객의 반응에 대한 연구는 매우 드물었다. 예를 들면, Gottlieb(1998)는, 동일한 영화를 더빙으로 듣는 것과 자막으로 읽는 것이 어떤 감흥의 어떤 차이를 유발하는가 등의 관객 반응에 관한 연구는 기존의 번역학을 벗어나 심리학의 영역으로 들어가는 것이라고 말하면서, 관객반응의 분야에 대한 연구는 그나마 대부분 표출된 관객의 행동(overtly behaviorist aspects)에 근거하고 있어, 관객반응에 대한 인지적, 언어적인 연구는 아직 걸음마 단계(infancy)에 머물러 있다고 지적한다.

Luque는, 코믹 영화 'Duck Soup'의 원작, 더빙판, 자막판 등 세 종류의 영화에 대해 각각, ST 영어 모국어사용자, 그리고 TT 스페인어 사용

---

[1] '…이어야 한다'고 주장하는 이상론이다.
[2] '…은 이렇다'라고 밝히는 현실론이다.

자를 대상으로 영화 전체를 관람하게 하면서 유머표현에 대한 피실험자 관객의 반응을 측정했다. 그는 ST에서의 유머효과가 TT로 가면서 얼마만큼 감소하는가를 관객의 표정을 통해 관찰하고자 한 것이다. 또한 TT 중에서도 더빙과 자막의 차이까지 함께 관찰하고자 한 것이다. 그 결과는 다음과 같다.

반응	무표정	미소	소리 내 웃음	합계
원작 관람자	1	2	7	10
더빙 관람자	3	4	3	10
자막 관람자	9	0	1	10
합계	13	6	11	30

[표 1] 관객의 반응

표본은 작지만, 일반적인 예상을 그대로 반영하고 있다. 번역판(더빙과 자막)을 본 TT 관객들은, 미소 이상의 강한 반응이 ST 모국어 관객보다 현저히 적어, 더빙과 자막을 불문하고 번역판 영화에서는 유머효과가 줄어들었음을 알 수 있다. 그나마, 더빙판에서는 자막의 경우보다, ST의 유머효과 감소가 적어, 더빙을 통한 영화번역이 유머효과 전달에 그나마 더 효과적인 것처럼 보인다. 결국, 자막 판에서 유머효과 감소가 가장 크다는 것을 알 수 있다.

그러나 자막 또는 더빙에 대해 웃음 반응을 보인 응답자를 인터뷰해 본 결과, 그 이유가 원작 관람 그룹과는 달랐다. 즉, 상당수가 더빙이나 자막의 자체의 유머효과가 아닌, 어처구니가 없어서(absurd), 또는 엉뚱한 발화가 등장인물의 재미있는 성격이라고 오판했기 때문이라는 것이다.

연구에서는 이러한 번역의 이유를 지나친 직역에서 찾고 있다. 직역이 관객으로 하여금, 혼란을 주고 기껏해야 무반응을 초래한 것이다

(Luque, 2003). 따라서 유머효과의 감소는, 실제로는 더 컸을 것이며, 관람자들의 반응만으로 유머변화를 측정하기에는 무리가 있다는 것을 이 연구는 잘 보여주고 있다.

장민호(2007)에서도 5편의 영화를 대상으로 축소여부를 조사했는데, 축소된 TT 중 메시지가 변화된 문장의 수가 106개였다. 이 중 유머효과가 감소한 문장은 10개였다. 유머효과가 감소한 문장수가 예상보다 매우 적은 것에 대해, 그는, 유머 등 오락요소를 핵심으로 하는 영화에서 TT의 축소에 비례해 유모효과가 축소된다면 영화 자체의 의미가 상실되므로 축소로 인한 다른 정보의 손실은 어느 정도 감수하지만, 유모효과까지 포기하진 않을 것이기 때문이라고 설명한다.

영화번역자가 종종 ST에 없는 유머효과까지도 현지화 기법, 보상 등 다양한 번역기법을 통해 TT에서 구현하는 점을 고려한다면 단지 가독성을 위해 TT를 축소하고 ST의 유모효과를 포기하는 경우는 많지 않을 것이기 때문이다. 뒤에서 후술한 자막의 양적 축소에 대한 연구에서도 번역사는 유머효과의 상실에 대해서는 관용도가 매우 낮은 것으로 나타났다.

영화자막에서의 유머효과의 감소는 자막수의 제한에서만 비롯된다고 볼 수는 없다. 예를 들면, ST에서 사투리가 사용됐을 경우, 자막에서는 이를 반영하기가 곤란하다. 더빙에서는 이런 것을 부분적으로 표현할 수 있다. 자막을 통한, 유머효과의 감소는 보다 근본적인 원인, 즉, 발화를 텍스트로 바꾸는 과정에서 비롯된 것일 수도 있기 때문이다.

또한 다른 모든 번역에서와 마찬가지로 번역자의 역량 문제로 귀결될 수도 있다. 번역자의 능력이나 경험 부족, 번역교육의 부재, 또는 열악한 근무환경(자료입수의 곤란함, 촉박한 번역마감, 낮은 번역료 등)이 그것이다(Asimakoulas, 2004)

4. 등장인물의 비중 변화

영화번역의 특징 중 하나는, 빠르게 전개되는 영화 스토리의 흐름에도 불구하고 영화의 중심 메시지나 주제를 TT 관객에게 명백하게 또 간결하게 전달해야 한다는 점이다. 따라서 이 과정에서 영화주제나 중심 메시지와는 직접 관련성이 적은 등장인물의 대사는 종종 생략된다(Ramael, 2003). 즉, 자막의 양적 축소는 등장인물의 비중을 변화시킨다. 자막이 양적으로 축소하더라도 영상을 통해 심층결속구조가 보완되는 것을 감안하더라도, 이런 과정에서 축소된 TT로 인해 예를 들면, 해당 등장인물은 무뚝뚝하고, 비우호적이며, 성격이 급한 사람으로 성격묘사가 바뀔 수 있다.

양적 축소는 단순이 잉여적(redundant) 정보의 생략이 아닌 발화자의 특유의 어투나 화법(idiosyncracy)까지 생략됨으로써 ST의 유머나 특유의 어조(tone)가 사라지게 되고, 그 과정에서 등장인물의 성격은 충실히 드러나지 않게 된다.

Ramael은 미국영화 'Secrets and Lies', 즉 영어 ST의 네덜란드어 TT 자막을 통해 특정 등장인물들이 갖는 양적(quantitative), 의미적(semantic), 그리고 상호작용적(interactive) 비중에 어떤 변화가 일어나는 지를 관찰했다. 그는 일단, 세 가지 측면에서 등장인물 비중의 변화가 나타날 것으로 가설을 세우고, 셋 중 주로 상호작용적 비중의 변화가 가장 클 것으로 예상했다. 그는 영화 중 대사가 비교적 집중된 장면 15개를 대상으로 관찰했고, 그 결과 아래의 표와 같은 수치를 얻어냈다.

관찰 결과를 보면, 자막번역 과정에서 의미의 왜곡은 없었지만('의미'에 해당하는 가로줄), 자막 양적 비중('양'에 해당하는 가로줄)은 주요인물의 대사에 집중하면서 그 인물의 성격이나 메시지가 TT 관객들에게 더욱 큰 비중을 갖게 되고 더 부각되거나 상세하게 전달되고 있음을 알 수 있다. 반대로 주요인물이 아닌 기타 등장인물들의 대사는 자막에서는 자주 축소되거나 생략되면서 그 성격묘사나 메시지가 TT 관객에서 전달되지 못한다는 것을 표는 보여주고 있다. 이러한 등장인물 비중의 변화가 축적되면 궁극적으로 영화 전체가 주는 메시지까지 왜곡할 수 있다.

Remael은 똑같은 영화를 영국에서 관람했을 때와 벨기에서 자막이 있는 영화를 관람했을 때 관객들의 판이한 반응에 대해서도 언급하고 있다. 즉, 벨기에서는 관람 중 웃음소리가 거의 들리지 않았는데 비해, 영국에서는 관객의 웃음소리가 계속 들렸다는 것이다. 벨기에 관객은 자국어 자막으로 영화를 본 것이다. 이는, 자막이 주인공 등 특정인물의 대사 전달에만 치중한 나머지 다른 등장인물들의 대사를 축소했고, 그 과정에서 부수적으로 유머효과가 감소됐다는 것을 의미한다. 주인공이 아닌 등장인물들도 유머러스한 발화를 했지만, 그들의 대사가 축소 또는 생략되었기 때문에 유머효과까지 함께 줄어든 것이다.

상호작용이란 대화를 이끌어가는 주체가 누구인가의 역학관계이다. 통상 질문을 많이 하거나, 새로운 화제를 제시하는 사람이 상호작용의 비중이 큰 것으로 여겨진다. 예를 들어 주인공이 아닌 등장인물이 던진 질문에 대해 주인공이 답변하지 않았다면, 상호작용의 비중이 왜곡된 것이다. 반대로 주인공이 던진 질문이나 화제 전환의 제의에 대해 기타 인물들이 항상 반응을 보인다면, 상호작용의 비중은 주인공으로 편향된 양상을 보이게 된다.

표에서 상호작용에서 비중이 역전된 것은 등장인물의 의문형 문장을 자막이 평서문으로 처리하면서 발생한 것이고, 양적인 비중이 약화된 것으로 나타난 3건은, 자막이 중복되는 잉여 정보를 압축하면서 자막이 축소됐기 때문이다. 이 과정에서 주인공만 부각되고 그와 대립하는 다른 등장인물의 의견이나 메시지는 축소되면서 균형이 파괴되는 것이다. 자막의 양적 변화가 초래한 등장인물의 비중 변화 등 다양한 메시지의 변화는, 메시지의 형식이 메시지의 실질까지도 변화할 수 있다는 점에서, Marshall McLuhan 의 명구인 '매체가 곧 메시지(The medium is the message)'임을 잘 보여주는 증거라 할 수 있다.

5. 공손성의 변화

언어와 그 사용자의 사회적 속성간의 관계를 연구하는 것이 사회언어학(sociolingustics)이다. 언어는 그 언어의 사용자가 속한 사회상을 그대로 반영한다는 것이 사회언어학의 대전제이다. 언어는 가장 기본적인 기능인 정보의 전달, 즉 의사소통 뿐 아니라 화자, 청자, 제 3자, 객체 등 커뮤니케이션 참여자 간의 관계를 반영한다(Ide, 1988)는 것도 같은 맥락에서 이해할 수 있다.

번역에서도 정보전달 기능을 중시하는 개념적 등가(ideational equivalence)와 함께 등가의 또다른 구성요소인 인간관계적(interpersonal) 등가를 이루는 것이 매우 중요하고 여기에는 다양한 화용적 요소가 개입된다. 인간관계적 등가에서 가장 큰 비중을 차지하는 것은 역시 공손성이다(House, 1998). 영화 속에서의 작은 사회, 즉 등장인물간의 관계는 주로 자막으로 반영(또는 왜곡)된다. Hatim & Mason(1997)에 따르면, 자막번역 과정에서 지속적인 변화양상을 보이는 것은 인간관계를 나타내는 화용적 측면인데, 특히, 공손성에서 그런 양상이 두드러진다고 한다.

등장인물 간의 형식적(부모형제 등), 실질적 관계(호 - 불호 등)를 나타내는 대표적 언어지표는 호칭, 존대여부, 어조, 특정 어휘 등이며 이들은 모두 '공손성(politeness)'이라는 대범주로 한데 묶을 수 있다. 공손성은 커뮤니케이션의 효율성에도 강력하고도 직접적인 영향을 미친다. 송신자와 수신자 사이의 적절한 수준의 공손성은 커뮤니케이션에 있어 윤활유 역할을 함으로써 커뮤니케이션의 효율성을 증가시킨다.

호칭연구로 시작된 공손성에 관한 연구는 Brown & Levinson(1987) 등에 의해 새로운 전기를 맞으며 1970년대 말부터 본격적으로 시작되었다. 영국의 사회 언어학자들인 이들의 연구로 인해 공손성은 단순히 일상적이고 형식적인 격식을 차리기 위한 인사말, 예절, 호칭 등에 국한된 문제가 아닌 화자가 스스로의 자신의 체면(또는 위신: face)을 지키려는 매우 섬세하고도 복잡한 심리 전략으로 인식되면서 공손함 또는 공손성은 이제 학문적 연구대상으로 자리매김하게 된다. 자막의 양적 축소에 의한 메시지 변화에 있어 공손성이 중요한 의미를 갖는 것은 공손성이 문장의 길이와 매우 밀접한 관계에 있다는 점이다. 자막의 양적 축소를 통해서 공손성을 나타내는 특정 어휘들이 누락될 경우, ST가 의도한 인간관계적인 역학구조(interpersonal dynamics)가 TT에서 왜곡될 수 있다(Hatim & Mason, 1997)

체면은 두 가지로 나뉜다. 즉, 체면을 손상하지 않으려는 '소극적 체면'와 체면을 증가시키려는, 자신의 위신을 세우려는 '적극적 체면'이 그것이다. 소극적 체면 전략이 공손성으로 나타난 것이 '소극적 공손성(negative politeness)'이며, 적극적 체면 전략이 공손성으로 나타난 것이 '적극적 공손성(positive politeness)'이다.

우리는 자신의 체면이 중요하다고 생각한다. 따라서 상대방의 체면을 침해할 경우 상대로부터 자신의 체면을 손상시키려는 보복을 초래할 수 있다. 이러한 보복을 예방하기 위해 할 수 없이 상대방의 체면을 지키려고 배려하게 된다는 것이 공손성 이론의 중핵이다. 공손함이란 결국 자신의 이익을 위한 매우 타산적인 행위인 셈이다.

상대방의 체면을 침해하는 언행을 '체면 위협 행위(face threatening act; FTA)'라 한다. Brown & Levinson(1987)에 따르면 불가피하게 FTA를 하게 됐을 때, 상대방으로부터의 보복 강도를 최소화하기 위한 FTA 시정 전략(redressive strategies)은 5가지로 나뉜다.

1) 시정 행위 없는 공개적인 FTA이다.

명령형의 문장이 대표적(예: '문 열어요')이다. 체면 위협의 강도가 가장 높고 따라서 상대방의 강도 높은 보복을 각오해야 할 것이다.

2) 적극적 공손성으로 시정하는 FTA이다.

체면 위협을 같이 분담하는 것이다. FTA의 대상을 청자 뿐 아니라 화자까지 분산시킴으로서 FTA의 강도를 낮추는 것이다. 예를 들면, 위의 명령문을 청유형으로 바꾸어 '문 좀 엽시다.'라고 말하는 것이다.

3) 소극적 공손성으로 시정하는 FTA이다.

상대방이 나의 요청이나 명령에 대해 부담 없이 거절할 수 있도록 선택의 여지를 주는 것이다. 예를 들면, 위의 명령문을 '문 좀 여시면 안 될까요?'라고 말하는 것이다.

4) 간접적인 FTA이다.

다른 상황을 언급함으로써 '문을 열라'라는 발화수반 행위[3](illocutionary

---

[3] 발화가 의도하는 특정 행위를 말한다. 예로, '아이고 배고파'라는 말은 상대방으로부터 '밥 사주기'라는 행위를 기대하는 것이고 따라서 '밥 사주기'는 '아이고, 배고파'라는

act)에 대한 내용판단을 상대방에게 맡기는 것이다. 예를 들면, 위의 명령문을 '밖에 누가 왔나 봐요'라고 말하는 것이다. 상황판단이 늦은 청자들은 이러한 유형의 FTA를 전혀 '체면 위협 행위'라고 느끼지 못할 것이다. 보통 수준의 상황분별력을 가진 사람이라면, 발화자의 이러한 FTA 시정전략을 감사하게 여기고 그 요청에 기꺼이 응할 것이다.

5) FTA 하지 않기이다.

상대방에게 부담을 주기 싫어 아예 아무 말도 하지 않는 것이다. 남에게 조금이라도 폐 끼치기를 싫어하는 사람이나 아쉬운 소리 못하는 사람들이 이러한 전략을 사용할 것이다.

특정 발화의 FTA 단계는 화자와 청자 사이의 권력 위계(P: power), 친밀도(D: distance), 그리고 발화내용의 실천에 따른 청자의 부담(R: ranking of impositions)의 크기에 대한 비례함수가 된다. 즉, 강자가 친밀한 약자에게 아주 쉬운 일을 시킬 경우[4], 그 약자는 이것을 FTA라고 느끼지 못할 것이다. 반대로 약자가 친밀하지 않은 강자에게 아주 어려운 일을 요구할 경우[5], 그 강자는 이것을 매우 심한 FTA라고 여길 것이다.

공손성의 변화는 또한 언어사용역의 변화에 의해 초래되기도 한다. 언어역 혹은 사용역이라고 부르는 register는 상황에 따라 사용되는 여러 가지 언어의 이형(異形: variants)을 말한다. 언어사용역은 언어사용자(language user)의 특징에 의해 나타나는 언어의 변이형, 즉 지역적, 계급적 방언 등과는 다른 언어 사용(language use)에 의해 정의되는 언

발화의 illocutionary act이다.
[4] 사령관이 운전병에게 운전을 부탁하는 경우를 연상하면 된다.
[5] 26)의 예의 정반대를 연상하면 된다. 훈련병이 사령관에게 밥 차려달라고 요구하는 경우이다.

어의 변이형이다. 아동도서의 가장 큰 특징이 이중독자를 가진다는 점에 착안하여 어린이를 대상독자로 하는 번역서와 어른을 대상독자로 하는 번역서를 비교, 분석했고, 그 결과, 동일한 ST에 대하여 TT의 독자가 달라지면 언어사용역(register) 변수 중에서 특히 담화경향(tenor)에서 차이가 난다는 연구결과도 있다(성승은, 2005).

번역에서의 공손성 변화의 결과는 매우 현실적인 것부터, 소설 등 문학작품의 경우에는 등장인물간의 관계설정이나 성격 등 작품 전체에 대한 느낌이나 평가의 왜곡으로 확대될 수 있다.

'매우 현실적'인 것의 대표적인 경우가 법정통역에서의 공손성이다. 약자의 입장에 있는 피고가 사용하는 언어, 즉 ST의 공손성이 통역을 통해 TT에서 변화할 경우, 판결에도 과연 영향을 미칠 지 여부를 관찰하는 것은 매우 흥미로울 것이다. Berk-Seligson(1988)이 바로 그런 연구의 주인공이다. 그는 피고의 스페인어 ST 증언을 알아듣는 스페인어 모국어사용자인 배심원들조차 영어 TT 통역에 나타난 공손성에 영향을 받는다는 매우 흥미로운 결과를 얻었다.

법정통역 연구를 원용하면 영어를 전혀 이해하지 못하는 관객은 물론, 영어를 이해하는 관객조차도 공손성이 감소된 TT 자막을 보면서 그것에 영향을 받을 가능성이 높다는 것을 예상할 수 있다.

공손성의 수준은 언어에 따라 다르다. 예를 들어 학술관련 영어 ST와 그 독일어 번역문을 비교(House, 1998)해보면, 영어 ST의 인간관계적 요소가 독일어 TT에서 상당히 약화되어 나타난다. 그러나 ST의 알맹이에 해당하는 개념적 기능은 매우 충실히 전달되고 있다. 따라서 ST의 유머, 구어체 표현, 쉽게 풀어쓴 표현 등이 독일어 번역에서는 진지하게 바뀌어 전체적으로 너무 '과학적인' 딱딱한 문장으로 바뀌는 경향을 보인다. 이는 언어에 따라 인간관계적 기능의 비중이 다름을 예시하고 있다. 마찬가지로, 영화 자막을 통해 공손성의 변화를 살펴보고 그 추세를 근거로 영어와 한국어의 언어 차원의 공손성 차이를 유추할 수 있을 것이다. 영화에서는, 스토리 전개가 등장인물간의 관계에 크게 의존한다는 점, 영화는 정보전달 기능보다는 인간관계적 기능, 특히 오락적 기능이 크다는 점에서 공손성의 변화는 영화번역에 있어 매우 중요한 메시지로 다루어질 수밖에 없다.

공손성은 또한 번역학의 새로운 분야인 '번역과 성(性: gender)'과도 밀접히 관련되어 있다. 젠더의 문제가 문학, 예술, 사회학 등 각 분야에서 화두가 되지는 어제 오늘의 일이 아니다. 인문사회학이라는 큰 틀 안에서도 다시 번역이라는 세분화된 분야에서 젠더의 의미를 체계적으로 탐색하기 시작한 것은 더욱 최근의 일이며 특히 영한번역 분야에서는 양적인 면에서나 질적인 측면에서 아직까지 미개척 분야라고 볼 수 있다(김신좌, 2003).

영화에서 공손성의 변화가 TT 문화에서의 젠더문화를 반영하는 경우가 빈번하게 관찰된다. 예를 들면, 부부간의 대화에서 ST와 TT에서 T/V[6]가 달라지는 것이 그것이다. 영화 'Mulan'의 대사중 젠더 편견적 대사를 대상으로 흥미로운 연구가 있다(김신좌, 2003). "Did they send me daughters when I asked for sons?"라는 여성 비하 발언에 대해 네 가지 번역문을 제시하고 피실험 대상자로 하여금 가장 바람직한 대안을 선택하게 하는 실험이었다.

조사 결과, 남자 응답자들은 여자 응답자에 비해 성차별적인 번역문을 선호하는 경향을 보였다. 성 차별성이 없는 번역에 있어서는 여자 응답자보다 소극적인 성향을 띄고 있는 것으로 나타났다. 흥미로운 것

---

[6] 불어의 '너/당신'을 의미하는 tu/vous의 약자다. '너'는 반말을 '당신'은 존댓말을 통칭하는 의미로 쓰였다.

은 남 응답자도 객관적인 영역에서 일종의 비평가의 눈으로 번역물을 평가하고 있었을 때는 중립적인 표현을 선택하는 비율이 대폭 증가하고 있었으며 그 비율이 오히려 여 응답자를 능가 하였다는 점이다. 남녀평등이 의식수준에만 머무르고 있지, 무의식적으로는 여전히 남존여비 사상이 잔존함을 보여준 연구였다.

이는 영한 번역에 있어 여전히 유교적인 문화가 반영될 여지가 높다는 가능성을 보여준 것이다. 영화 자막에 있어서도 부부간의 대화는 여전히 남편 반말-부인 존댓말의 경향이 짙다.

T/V도 ST 문화가 TT 문화에 영향을 줄 경우 그 양상이 바뀔 수 도 있다. 이와 관련한 연구가 이창수(1999)다. 그는 통역대학원생 60명을 대상으로 영어의 T/V가 한국어로 직역된 경우(직장상사를 직함이나 성을 붙이지 않고 이름만으로 호칭한 경우)에 대해 반응을 조사했다. 결과, 의외로 83%에 해당하는 50명의 학생들이 이러한 번역을 문제 삼지 않았다. 다양한 이유가 있었지만, 이창수는 '소설의 배경이 서양문화이므로 상사에게 이름을 부르는 미국식 호칭이 더 자연스럽다'라는 답변에 유의하고 있다. 뿐만 아니라, 그는, 이러한 답변이 오히려 영어 외 기타 언어 전공자들이 더 많았다는데 주목하면서, 이는 '영어에 친숙할수록 영어식 T/V에 관용적일 것'이라는 추론이 근거가 없는 것이라고 보고하고 있다. 이 연구는, 때에 따라서는 ST의 문화에 부합하게 번역하는 것이 TT 관객의 기대에 부합하는 올바른 번역이 될 수도 있다는 점을 보여주고 있다.

제6장 자막의 축소에 대한 연구

제1절 연구목적

연구목적은, 자막의 양적 축소현상이 보편성이 있는지, 그리고, 자막의 축소현상이 TT의 길이만이 줄어드는 외형적 현상만을 의미하는지, 아니면 메시지의 변화라는 실질적 변화도 수반하는 복합적 현상인지의 여부를 확인하기 위한 것이다

제2절 연구 내용

자막의 양적 변화의 방향과 정도의 개요를 파악하고 그 과정에서 초래되는 메시지 변화의 종류를 파악한 뒤, 이를 다시 영화장르별로 파악한다. 연구에서는 (1) 자막의 축소현상의 정도 (2) 자막의 축소에 따른 메시지의 변화, 그리고 (3) 사용된 번역기법을 고찰한다. 자막의 양적

축소현상은 ST와 TT의 단어 수, 문장수를 비교 측정하고 메시지의 변화는 유머효과, 공손성, 그리고 화행 변화를 관찰한다. 번역기법은 일반화, 구체화, 대체, 그리고 생략으로 나누어 이러한 번역기법이 자막 축소와 메시지 변화에 어떤 영향을 미치는지를 관찰한다.

1. 대상 영화

5개 장르에 걸쳐 16편의 영화를 선정했다. 영화장르의 분류와 선정은 통상 업계에서 정하는 방식을 따랐고, 영화장르의 개수는 이들 영화장르에 대한 관람객의 선호도와 영상이 차지하는 비중을 감안해 설정했다. 문학 분야에서는 장르 구분이 비교적 고정적이고 분명한데 비해, 영화의 장르구분은 기준이 명확하지 않고, 한 영화가 다양한 장르 속성을 공유하면서 여러 장르에 동시에 속하는 경우가 많다. 따라서 본 연구에서는 비디오 대여순위에서 일반적으로 영화를 액션, 애정/멜로, 추리/스릴러 등으로 나누는 분류방법과 분류명칭을 사용하기로 했고 동시에 두 개 장르 이상에 속하는 영화들은 제외했다. 연구대상 영화의 제목과 자막 구간을 장르별, 영화별로 정리하면 다음과 같다.

번호	제목	대사 구간	총 단어 수	영화장르
1	Laws of Attraction	14:30 - 18:00	395	애정/멜로
2	The Terminal	30:05 - 38:00	405	
3	Mr. Hitch	00:00 - 04:10	538	
4	Princess Diaries	40:17 - 45:09	610	
5	Finding Nemo	30:37 - 34:00	322	애니메이션
6	The Incredibles	17:20 - 20:08	346	
7	Shark Tale	10:49 - 14:33	391	

8	Constantine	29:42 - 35:05	401	액션
9	Minority Report	01:27:50 - 01:32:53	538	
10	I, Robot	23:00 - 27:31	292	
11	Flight of Phoenix	35:50 - 42:22	418	
12	Mementos	28:30 - 33:55	496	추리/스릴러
13	A Beautiful Mind	49:06 - 52:05	313	
14	Identity	34:23 - 38:55	282	
15	Million Dollar Baby	33:05 - 36:31	520	기타
16	Big Fish	23:15 - 31:04	649	
합계	-	52' 23"	6916	-

[표 3] 영화제목과 자막구간

영화는 2000년 이후 DVD로 출시된 영화들로 장르별로 3, 4편의 영화가 포함돼 있다. 분석대상 영화 중 '애니메이션'은 내용상의 장르가 아닌 만화영화라는 '형식'상의 구분이지만, 통상 '애니메이션'으로 별도로 구분되고 있는 점, 관람에 연령 제한이 없는 가족영화라는 점, 제작과정 자체가 컴퓨터 그래픽 등 첨단 영상기술 의존도가 크다는 점 등을 고려해 별도의 장르로 취급했다.

2. 양적 변화의 측정

자막은 대상 영화 각각에서 임의의 시점을 정한 후 그로부터 연속하는 50개의 대사로 정하였다. 하나의 대사란 한 배우가 발화를 시작해 상대방(또는 제 3자)의 발화가 시작되기 직전까지 연속된 발화 뭉치로 주로 1, 2개의 문장으로 구성되지만 때에 따라서는, 문장이 아닌 단어, 구가 되기도 한다. 개별 문장이 아닌 '대사'를 기본단위로 정한 것은 번역기법과 메시지변화의 여부를 문장 단위가 아닌 대사 종료시점에서 확정할 수 있다고 판단했기 때문이다. 예를 들어, 특정 ST문장 내의 표현이 해당 TT 문장에서 생략됐어도 동일 대사 내의 다음 문장에서 나타났다면 '생략'이라고 할 수 없다. 대사가 종료된 후에만 사용된 번역기법을 확정할 수 있는 것이다.

단어 수를 측정함에 있어, ST 영어의 경우 단어는 양쪽에 공간을 확보하고 있어 구분이 쉽지만, 한국어 TT의 경우는 주어와 조사, 목적어와 조사가 붙어있는 등 단어별이 아닌 기능별로 붙어있다. 연구에서는 현행 학교 문법의 품사 범주(서정수, 1996)에 따라 단어의 범주를 9개로 나누고 이 아홉 범주 중 어느 하나라도 해당되는 단어는 하나의 단어로 취급한다.

3. 메시지 변화의 측정

(1) 유머효과

유머효과란 주관적인 개념이다. 따라서 유머효과를 관객의 웃음소리나 표정 등을 이용해 객관적으로 측정(Luque, 2003)할 경우 그 빈도가 극히 낮고, 그 반응의 원인이 자막에 의한 것인지, 영상에 의한 것인지, 스토리의 반전 등 자막 외적에 의한 것인지 파악하기 힘들다. 이 연구에서는 평균 관객의 입장에서 해당 자막을 읽었다면 느꼈을 감흥을 기준으로 유머효과의 존재 여부를 주관적으로 파악한다.

(2) 공손성

공손성도, 유머효과와 마찬가지로, 주관적으로 측정된다. 공손성은 언어표현에 의해 쉽게 식별이 되는 관용적 표현들의 사용 여부에 따라 판단한다. 직함의 사용, 공손한 청유형의 표현, 'please'의 사용, 겸양하는 표현, 무례함, 욕설 등을 공손성 여부의 표지로 보고, 이러한 것들이 ST와 TT에서 어떻게 나타나는지를 비교한다.

(3) 화행의 변화

화행의 종류를 진술(assertive), 명령(directive), 그리고 표현적(expressive)으로 나누고 ST의 화행이 TT에서 어떻게 변화하는가를 관찰한다.

(4) 번역기법

번역기법은 전체를 생략과 번역으로 나눈 다음 번역은 의역과 직역으로 나누고 다시 의역은 일반화, 구체화, 대체 세 가지로 분류한다. 따라서 연구에서는 네 가지 번역기법인 일반화, 구체화, 대체, 그리고 생략에 따른 자막의 양적 축소 정도와 그에 따른 세 가지 메시지의 변화를 관찰한다. 이런 식의 분류는 이미 Katan(1999)의해서도 제시된 바 있고, 이번 분류도 그의 분류법에 착안한 것이다.

(5) 자막과 더빙의 비교

자막의 더빙의 비교는 애니메이션 장르의 영화 3 편을 대상으로 분석한다. 분석내용은 TT의 양적 변화와 메시지의 변화이다.

4. 분석결과

(1) 자막의 양적 변화

분석 결과 ST와 TT의 양적 변화는 다음 표와 같이 나타났다.

	총 단어 수	총 문장수	대사별 TT의 단어 수 변화	빈도	비율
ST	6916	1021	확장	63	**7.87%**
TT	4498	954	불변	109	**13.62%**
			축소	628	**78.5%**
ST-TT	2418	67	계	800	100%
축소율 (ST-TT/ST)	**34.96%**	**6.56%**			

[표 4] ST와 TT의 양적 변화

전체적으로 총 단어 수를 기준으로 34.96%의 축소율이 나타났고, 총 문장 수 기준으로는 6.56%였다. 이를 결합하여 분석하면, 축소는 문장 단위가 아닌 문장 내에서 주로 일어나는 현상임을 알 수 있다. 빈도를 보면, 총 800개의 대사 중 자막의 양적 축소가 일어난 대사는 전체의 78.5%로, 따라서, 축소는 보편적으로 발생하는 현상임을 알 수 있다. ST와 TT의 양적 변화는 영화장르별로 다음과 같이 나타났다.

1) 액션장르

	총 단어 수	총 문장수	대사별 TT의 단어 수 변화	빈도	비율	비고
ST	1649	256				
TT	4498	954	확장	20	**8.66%**	
			불변	21	**9.33%**	
			축소	163	**82%**	
ST-TT	601	23	계	200	100%	
축소율 ST-TT/ST	**36.44%**	**8.98%**				

[표 5] ST와 TT의 양적 변화

액션장르의 축소율은 36.44%(단어 수 기준)와 8.98%(문장수 기준)로 전체 축소율 34.96%, 6.56%보다는 높았으나, 예상과 달리, 그 차이가 크지 않았다. ST의 단어 수도 애정장르를 제외한 다른 장르보다 예상과 달리 낮지 않았다.

2) 애정/멜로장르

	총단어 수	총문장수	대사별 TT의 단어 수 변화	빈도	비율	비고
ST	1948	247				
TT	1283	233	확장	19	9.5%	
			불변	30	15%	
			축소	151	75.5%	
ST-TT	665	14	계	200	100	
축소율 (ST-TT/ST)	34.13%	5.66%				

[표 6] ST와 TT의 양적 변화

애정장르의 축소율은 34.13%(단어 수 기준)과 5.66%(문장수 기준)로, 전체 자막의 축소율 34.96%, 6.56% 보다는 낮았으나, 예상과는 달리 그 차이가 크지 않았다. 그러나 단어 수는 예상대로 다른 장르보다 현저하게 많았다.

3) 추리/스릴러 장르

	총단어 수	총문장수	대사별 TT의 단어 수 변화	빈도	비율	비고
ST	1091	168				
TT	677	157	확장	10	6.66%	
			불변	21	14%	
			축소	119	79.33%	
ST-TT	414	11	계	150	100%	
축소율 (ST-TT/ST)	37.94%	6.54%				

[표 7] ST와 TT의 양적 변화

추리/스릴러장르의 축소율은 37.94%(단어 수 기준)와 6.54%(문장수 기준)로 전체 자막의 축소율 34.96%, 6.56%보다는 높았으며, 예상대로 애정과 액션의 수치의 사이에 위치했으나 그로부터의 차이는 크지 않았다. ST의 단어 수는 1091로 가장 단어 수가 가장 많은 애정장르의 54%에 불과했다. 이는 ST의 단어 수가 적은 경우에도 TT에서는 여전히 다른 장르와 비슷한 축소율이 나타남을 보여준다.

4) 애니메이션 장르

	총단어 수	총문장수	대사별 TT의 단어 수 변화	빈도	비율	비고
ST	1059	219				
TT	784	202	확장	15	10%	
			불변	30	20%	
			축소	105	70%	
ST-TT	275	17	계	150	100%	
축소율 (ST-TT/ST)	25.96%	7.76%				

[표 8] ST와 TT의 양적 변화

애니메이션장르의 축소율은 25.96%(단어 수 기준)과 7.76%(문장수 기준)로 전체 자막의 축소율 34.96%보다는 낮았으며, 6.56%보다는 높았다. 예상과 달리 애정/멜로 장르의 축소율보다 낮게 나타나 단어 수 기준으로는, 전체적으로 가장 낮은 축소율을 나타냈다. 이는 가독성을 위해, 축소율이 비교적 높을 것이라는 예상과는 다른 것이다.

5) 기타 장르

ST	총단어 수 1169	총문장수 131	대사별 TT의 단어 수 변화	빈도	비율	비고
TT	706	129	확장	3	3%	
			불변	7	7%	
			축소	90	90%	
ST-TT	463	2	계	100	100%	
축소율 {=(ST-TT)/ST}	39.60%	1.52%				

[표 9] ST와 TT의 양적 변화

기타장르의 축소율은 39.60%(단어 수 기준)와 1.52%(문장수 기준)로 단어 수 기준으로는 전체 자막의 축소율 34.96%보다 높았으나, 문장수 기준으로는 6.56%보다 현저히 낮았다.

따라서 단어 수를 기준으로 한 축소율을 크기순으로 나열하면, 기타(39.60) > 추리/스릴러(37.94) > 액션(36.44%) > 애정/멜로(34.13) > 애니메이션(25.96)의 순이며, 문장수를 기준으로 한 축소율을 크기순으로 나열하면, 액션(8.98%) > 애니메이션(7.76%) > 추리/스릴러(6.54) > 애정/멜로(5.66) > 기타(1.52%)의 순으로 나타났다.

(2) 메시지의 변화

분석 결과, 자막의 양적 축소와 관련된 번역기법 및 메시지의 변화는 다음 표와 같았다. 표 상단의 세 개 항목은 변화된 메시지를 의미한다. "화행의 변화" 밑의 약자인 A, D, E는 각각 단언형(assertive), 명령명(directive), 그리고 표현형(expressive) 문장을 의미한다. 예를 들면, 'D ▶ A'는 ST의 명령형 문장이 TT에서 단언형으로 전환됐음을 의미한다. 오른쪽 총계는 총 800개의 문장 중 해당 번역기법이 사용돼 자막이 축소한 경우의 빈도를 의미한다. *유머효과*와 *공손성* 칼럼의 역삼각형(▽)은 '감소'를 정삼각형(△) 은 증가'를 의미한다. 영화전체에서의 메시지 변화를 정리한 표는 다음과 같다.

번역기법	메시지	화행의 변화						유머효과		공손성		총계	
		▶A		▶D		▶E		△	▽	△	▽		
		D	E	A	E	A	D						
의역	일반화	2		1		4	1	4	24	8	8	96	
	구체화			6	1	13	1	15	3	7	19	93	214
	대체			1		3		5		5	1	25	
생략		1	4	12					6	7	65	520	
소계		3	4	20	1	20	2	24	33	27	93		734
총계		50						57		120		227	

[표 10] 영화전체에서의 메시지 변화

1) 액션장르

번역기법	메시지	화행의 변화						유머효과		공손성		총계	
		▶A		▶D		▶E		△	▽	△	▽		
		D	E	A	E	A	D						
의역	일반화	2				3		2	6	4	3	33	
	구체화			4	1	4		3	2	4	5	35	70
	대체											2	
생략			1	1						1	8	93	
소계		2	1	5	1	7		5	8	9	16		163
총계		16						13		25		54	

[표 11] 액션장르의 메시지 변화

2) 애정/멜로 장르

메시지\번역기법	화행의 변화 ▶A		▶D		▶E		유머효과 △	▽	공손성 △	▽	총계	
	O	E	I	E	I	O						
의역 일반화			1		1	1	2	10	1	4	25	
의역 구체화				6			8	1	3	8	26	53
의역 대체				1			1				2	
생략	1	2	2							16	117	
소계	1	2	3	8	2		11	11	4	28		170
총계			17				22		32		71	

[표 12] 애정장르의 메시지 변화

3) 추리/스릴러 장르

메시지\번역기법	화행의 변화 ▶A		▶D		▶E		유머효과 △	▽	공손성 △	▽	총계	
	D	E	A	E	A	D						
의역 일반화							6	2			12	
의역 구체화								2			5	19
의역 대체									3		4	
생략	1	3					4	4		15	124	
소계	1	3					10	9		17		143
총계			4				10		26		40	

[표 13] 추리/스릴러 장르의 메시지 변화

4) 애니메이션 장르

메시지\번역기법	화행의 변화 ▶A		▶D		▶E		유머효과 △	▽	공손성 △	▽	총계	
	D	E	A	E	A	D						
의역 일반화							2	1		1	10	
의역 구체화			1	2	1		4			1	21	40
의역 대체			1	2			3		2	1	9	
생략			3				2	1		17	81	
소계			5	4	1		7	5	4	20		121
총계			10				12		24		46	

[표 14] 애니메이션장르의 메시지 변화

5) 기타장르

메시지 번역기법		화행의 변화						유머효과		공손성		총계	
		▶A		▶D		▶E		△	▽	△	▽		
		D	E	A	E	A	D						
의역	일반화											10	18
	구체화			1	1					3		9	
	대체								1			1	
생략				2						1	7	75	
소계				3	1			1			10	93	
총계		4						1		10		15	

[표 15] 기타장르의 메시지 변화

(3) 메시지 변화의 종류별 고찰

1) 화행의 변화

축소에 의한 화행의 변화는 전체 자막 중 총 50회가 관찰되었다. 공손성과 유머효과가 증가와 감소 두 가지 방향을 갖는다면 화행은 종류가 세 가지이므로 화행의 변화는 여섯 방향에서 관찰된다.

	화		행			
변화 전	단언형(A)		명령형(D)		표현형(E)	
변화 후	D	E	A	E	A	D
빈도	3	4	20	1	20	2

[표 16] 화행의 변화

i) 액션장르

액션장르에서 화행의 변화는 총 16건으로 전체 화행 변화의 32%이다. 가장 빈번한 변화(7)는 단언형에서 표현형으로의 변화다. 이는 액션영화의 자막이 액션영화의 특성을 더욱 강하게 부각시키고 있음을 보여 준다. 명령형으로의 전환(6)도 높은편이다. 상대적으로 단언형으로의 전환은 가장 낮은빈도(3)를 나타냈다.

ii) 애정/멜로 장르

<표 12>에 나타난 애정/멜로장르에서의 화행의 변화는 총 17건으로 전체 화행 변화의 34%이다. 가장 빈번한 변화(10)는 표현형으로의 변화다. 이는 애정영화의 자막이 애정영화의 특성, 감정표현을 더욱 강하게 부각시키고 있음을 보여준다. 명령형으로의 전환(3)이나 단언형으로의 전환(3)은 비교적 낮은 빈도를 나타냈다.

iii) 추리/스릴러 장르

추리/스릴러장르에서의 화행의 변화는 총 4건으로 전체 화행 변화의 8%이다. 가장 빈번한 변화(3)는 명령형으로의 변화다. 표현형으로의 전환은 없었다. 이는 추리영화의 특성상 자막을 통한 감정표현의 강조가 드물 것이라는 예상을 뒷받침한다.

iv) 애니메이션 장르

애니메이션장르에서의 화행의 변화는 총 10건으로 전체 화행 변화의 20%이다. 가장 빈번한 변화(5)는 명령형으로의 변화다. 표현형으로의 전환(4)도 비슷한 정도로 나타났다.

v) 기타 장르

기타장르에서의 화행의 변화는 총 4건으로 전체 화행 변화의 8%이다. 기타 장르는 추리 장르와 마찬가지로 화행의 전환 빈도가 낮게 나타났다.

2) 유머의 변화

축소에 의한 유머 효과의 변화 방향은 공손성과 달리 증가와 감소의 빈도가 유사하게 나타났다. 증가는 24, 감소는 33회로 나타나 자막의 양적 축소는 유머효과의 감소에 기여하는 것으로 나타났다. 결국, 자막의 양적 축소로 인한 순수한 유머효과의 감소 빈도는 11회(35 - 24)에 불과해, 다른 종류의 메시지 손실에 비해 유머효과 손실에 대한 영화번역사의 관용도가 매우 낮다는 것을 알 수 있다.

i) 액션장르

액션장르에서의 유머효과의 변화는 총 12건으로 전체 유머효과 변화 빈도의 21%이다. 이중 증가는 5회, 감소는 7회로 순감소는 2로 나타났다.

ii) 애정/멜로 장르

애정/멜로장르에서의 유머효과의 변화는 총 22건으로 전체 유머효과 변화의 38%이다. 이중 증가는 11회, 감소는 11회로 순증감은 없는 것으로 나타났다.

iii) 추리/스릴러 장르

추리/스릴러장르에서 유머효과의 변화는 총 10건으로 전체 유머 효과 변화의 17%이다. 이중 증가는 없고, 감소만 10회로 순감소는 10으로 나타났다. 자막이 영화의 메시지를 더욱 강화한다는 Remael(2003)의 설명대로, 자막이 공포, 긴박감 등으로 연상되는 추리 장르의 전형적 메시지만을 강조하기 위해 유머효과를 포기한 것으로 보인다.

iv) 애니메이션 장르

애니메이션장르에서의 유머효과의 변화는 총 12건으로 전체 유머효과 변화의 21%이다. 이중 증가는 7회, 감소는 5로 순증가 2로 나타났다.

v) 기타 장르

기타장르에서의 유머효과의 변화는 총 증가 1건으로 전체 유머효과 변화의 약 2%이다.

3) 공손성의 변화

227회의 메시지 변화 건수 중 가장 큰 변화를 보인 메시지 형태는 공손성(120)으로 전체 메시지 변화의 52.86%를 차지해 자막축소로 메시지가 변할 경우, 과반수는 공손성의 변화로 나타났다.

자막 축소로 인한 공손성의 변화가 항상 공손성의 감소만을 의미하지는 않았다. ST의 비속어, 욕설 등이 자막에서 생략된 경우 자막에서의 공손성은 증가(27)했다. 소극적 공손성이 증가한 것이다. 물론, 공손성 변화의 대다수(93회, 77.5%)는 공손성 감소였다. 공손성의 변화 양상을 영화 장르별로 나누어 고찰해보면 다음과 같다.

i) 액션장르

액션장르에서의 공손성의 변화는 총 27건으로 전체 공손성 변화(120)의 23%이다. 이중 증가는 9회, 감소는 18회로 순감소는 9로 나타났다.

ii) 애정/멜로 장르

애정/멜로장르에서의 공손성의 변화는 총 32건으로 전체 공손성 변화(120)의 27%이다. 이중 증가는 4회, 감소는 28회로 순감소는 26으로 나타났다.

iii) 추리/스릴러 장르

추리/스릴러장르에서의 공손성의 변화는 총 26건으로 전체 공손성 변화(120)의 22%이다. 이중 증가는 9회, 감소는 17회로 순감소는 9로 나타났다.

iv) 애니메이션 장르

애니메이션 장르에서의 공손성의 변화는 총 24건으로 전체 공손성 변화(120)의 20%이다. 이중 증가는 4회, 감소는 20회로 순감소는 16으로 나타났다.

v) 기타장르

기타장르에서의 공손성 변화는 총 11건으로 전체 공손성 변화(120)의 9%이다. 이중 증가는 1회, 감소는 10회로 순감소는 9로 나타났다.

4) 번역기법

i) 일반화

일반화는 연구대상 자막에서 총 96회가 관찰되어, 축소기법으로서의 빈도는 전체적으로 생략에 이어 두 번째로, 그리고 의역 중에서는 가장 높은 빈도를 나타냈다. 일반화는 의미장이 높아지거나, 개념화 또는 추상화되는 것을 의미한다. 다음 예는 TT에서 의미장이 높아져 일반화 기법으로 분류된 경우다.

ST: Looking to win some "beyond the call of duty," limo-driver merit badge?
    Identity]
직역:"'자신의 일과 관계 없는 일인데도 발 벗고 나서 해결한 "리무진 기사

배지"라도 받고 싶은거예요?
TT: 영웅 표창이라도 받고 싶은 거예요?

두 번째 예는, 형사도 아니면서 주제넘게 살인사건에 참견하는 택시 기사를 두고 비웃는 말이다. ST의 'beyond the call of duty limo-driver merit badge'가 TT에서 간단하게 '영웅표창'으로 축소됐다. 앞선 예에서 ST의 '남편'과 '아내'가 TT에서 '배우자'로 바뀐 것이 일반화로 분류됐듯, ST의 '자신의 일과 관계없는 일인데도 발 벗고 나서서 해결한 리무진 기사'라는 비교적 장황한 표현을 TT에서 간략히 '영웅'으로 처리한 것을 일반화로 구분한 것도 같은 논리다. '배우자'의 구체적 사례가 '남편'과 '아내'인 것처럼 '영웅적 행위'의 무수한 사례 중 하나가 예에서 나온 택시 기사의 행위이기 때문이다.

위의 두 예는 일반화가 축소에 상당히 기여할 수 있음을 보여준다. 물론, 일반화가 항상 축소에 기여하는 것은 아니다. 다음이 그런 예다.

ST: Interview each one, cross-reference their responses to detect anomalies.
[I, Robot]
직역: 따로따로 심문한 뒤, 대질심문을 통해 변칙성을 감지해야죠.
TT: 하나씩 면담 후 수상한 걸 찾아야죠.

위 예문은 로봇 대열에 숨어든 살인용의자 로봇을 잡기 위해 로봇 전문 과학자가 주인공 형사 Spooner에게 한 말이다. ST 발화자는 과학자답게 전문용어인 '변칙성'을 썼지만, TT에서는 '일반적'인 단어인 '수상한'을 썼다. 구체적 의미를 갖는 전문용어가 일상적인 표현으로 바뀐다면 이는 일반화기법에 해당한다. 번역자는 일상적 단어가 전문용어보다 이해가능성이 더 높다고 판단한 듯하다. 이렇듯 전문용어를 쉬운 표현으로 바꾸기 위한 일반화 기법이 자주 관찰된다.

> ST: I've been examining the plane. You see, the C-119 is a **twin-boom design**.
> And the star board boom here isn't damaged. [Flight of the Phoenix]
> 직역: 비행기를 살펴봤는데 C-119 기종은 <u>이중동체형</u>으로 설계되어 있어요. 그 중 오른쪽동체가 멀쩡해요.
> TT: 비행기를 살펴봤는데 C-119 기종은 뒤쪽이 <u>H형</u>인데, 오른쪽은 멀쩡해요.

정확한 용어의 사용 또는 자세한 설명을 포기하고 번역자는 그 대강의 모양이 가장 중요하다고 판단한 듯, 자막에서는 'H형'으로 표시했다. '이중 동체형'이란 정확한 용어는 이해가 어렵고 이에 대한 설명을 추가할 경우 자막이 확장되므로 제 3의 선택인 일반화 기법을 선택한 듯 보인다. 일반화 기법에 의해 선택된 단어가 항상 양적 축소를 보장하지 않듯, 이해가능성도 마찬가지다. '아내'와 '남편'의 예에서 보았듯, 일반화 기법에 의해 채택된 단어('배우자')의 이해가능성이 더 낮을 수도 있다.

다음은 일반화 기법이 메시지 변화에 미치는 영향에 대해 고찰한다. 일반화는 정의상 의미장이 높아지면서 구체적인 내용에서 보다 추상적인 것으로 바뀌게 되는 것이다. 이는 ST가 담는 여러 함의 중에서 번역자가 가장 중요하다고 판단되는 함의를 선택함을 의미하기도 한다. 이런 과정에서 선택되지 않은 함의가 TT에서 사라지게 되고 이는 메시지의 변화를 초래한다. 실제로 연구대상 자막에서도 일반화 기법이 사용된 총 96회 중에서 메시지의 변화를 수반한 경우는 총 48회로 50.00%였다.

유머효과의 감소(24회)는 일반화로 인한 메시지의 변화 중 가장 높은 비중(50.00%)을 보였다. 이는 번역자가 자막의 축소를 염두에 두고 일반화 기법을 사용할 경우 그로 인한 유머효과의 감소 여부도 아울러 신중히 고려해야 함을 의미한다. 연구 자막을 통해 나타난 총 96회의 일반화 기법 중 유머효과를 증가시킨 경우는 한 건도 발견되지 않았다.

ii) **구체화**

구체화는 연구대상 자막에서 총 93회가 사용되어 축소기법으로는 생략에 이어 세 번째로 높은 빈도를 나타냈지만, 일반화(97)와 빈도가 비슷했다. 구체화는 추상적 개념을 물리적으로 또는 구체적으로 표현함을 의미한다.

> **ST: I, um…I should be able to talk to my friend today about the license plate.**
> [Laws of Attraction]
> 직역: 번호판에 대해 오늘 친구와 이야기 좀 해보겠소.
> TT: 친구한테 부탁해서 차번호를 조사해야죠.

먼저, ST의 '이야기하다'가 TT에서 '부탁해서 조사하다'로 세분화됐다. ST에서 친구와의 '이야기'가 TT에서는 '이야기'의 내용으로 나타난 것이다. 연구자막에서 구체화 기법이 사용된 총 빈도는 106회. 이중 자막이 축소된 경우는 93회, 자막이 확장된 경우가 10회, 자막이 불변한 경우가 3회였다 일반화 의 경우 자막이 확장된 예가 한 건도 없었음에 비하면 대조적이다. 일반화와 달리 구체화 기법의 사용으로, 유머효과가 증가하는 경우가 15회 발견되었다.

> **ST: See, I'm going to get stuck now with that song.** [Finding Nemo]
> 직역: 그만, 속이 거북해.
> TT: 그만, 머릿속에 미원을 넣은 기분이야.

ST의 '거북해'가 TT에서 '미원을 넣은 기분'으로 바뀌었다. '미원을 넣는 것'과 '거북함'의 관계는 원인과 결과다. 위 예에서는 ST의 결과가 TT에서 원인으로 바뀌었으므로 구체화에 해당된다. 위의 예에서는 구체화 기법을 통해 유머효과가 증가했음을 알 수 있다.

iii) 대체

대체는 연구대상 자막에서 총 25회가 사용되어 축소에 가장 적은 비중으로 기여하는 것으로 나타났다. 대체는 ST와 TT에서 유사한 의미와 이미지를 갖게끔 번역하는 경우였다.

4) 생략

생략은 연구대상 자막에서 보편적으로 나타났다. 연구 자막 총 문장수 1021개에서 생략기법이 사용된 빈도는 총 520회였고 생략된 단어 수는 ST의 총 단어 수 5,657 개 중 2,034개(45.34%)를 차지하였다. 두 개 문장 당, 그리고 두 개 단어 당 하나 꼴로 생략이 나타날 정도로 생략은 보편적이었다. 다른 번역기법(의역, 직역)에 비해 자막의 양적 변화에 미치는 영향 측면에서 나타나는 생략의 특징은, 단어상의 의미 그대로, 항상 축소에 기여한다는 점이다. 이는 다른 번역기법의 경우, 비중은 다르지만 때로는 확장을, 때로는 불변을 또 때로는 축소를 초래한다는 점과는 확실히 구분된다.

전체 자막에 나타난 총 520회의 생략 기법이 앞서 밝힌 세 종류의 메시지 중 하나 이상에 영향을 준 경우는 95회였고, 빈도가 높은 것부터 세분하면, 공손성(72회), 화행의 변화(17), 그리고 유머효과(6)의 순이었다.

5) 자막과 더빙의 비교

연구대상 영화에 포함된 애니메이션 3편의 연구 자막을 대상으로 더빙과 자막의 양상을 비교분석했다. 분석결과는 다음과 같다.

i) 양적 변화

제목	ST의 단어 수	TT의 단어 수	축소율	축소율 (자막)
Finding Nemo	183	156	14.75%	25.13%
The Incredibles	155	131	15.48	26.45
Shark Tale	168	144	14.28	22.61%
합 계	506	431	14.82%	24.70%

[표 17] 자막과 더빙의 TT 양적 변화

TT의 양적 변화는 더빙과 자막의 경우 모두 축소로 나타났지만, 그 정도는 달랐다. 즉, 더빙의 경우 축소율이 자막보다 약 10% 낮게 나타났는데 이는 더빙에 있어서 축소가 자막보다 빈번하지 않음을 의미한다. 10%의 차이, 또는 단어 수 50개가 의미하는 것을 파악하기 위해 자막과 더빙을 녹취해 대사별로 비교분석했다. 분석결과, 더빙에는 생략이 적고 직역이 많이 발견된다. 자막의 경우 생략과 의역을 통해 축소현상이 발생함은 앞서 고찰한 바와 같다. 따라서 더빙에서 축소율이 줄어들었다는 것은 생략과 의역의 빈도가 줄어들었음을 예상할 수 있고 분석결과도 이에 부합한다. 다음 예문은 관찰 결과 드러난 더빙의 여러 속성을 비교적 종합적으로 보여준다.

ST: See, I'm going to get stuck now with that song. [Finding Nemo]
직역: 그 노래 때문에 얹힐 것 같아.

자막: 그만, 머릿속에 미원을 넣은 기분이야.
더빙: 도리, 제발 그만해! 그 노래가 머리에 박혀서 뱅뱅 돌겠어!

자막에서 "머릿속에 미원을 넣은 기분"은 다소 은유적이다. 그러나 더빙에서는 "머리에 박혀서 뱅뱅 돈다"로 바뀌었다. 더빙의 '박혔다'는 ST의 '얹혔다'라는 직역에 더 가깝다. 또한, '박혔다'로 끝나지 않고 '박혀서 *뱅뱅 돈다*'라고 부연 설명하고 있다.

자막에는 없는 호칭(도리)이나 강조부사(제발)까지 추가돼 더빙은 확대됐다. 더빙에서의 확대는 더빙이 자막에 비해 공간적 제약에 덜 기속된다는 점에서 그 원인을 찾을 수 있다. 장면의 지속시간이나 배우의 입놀림(lip synchrony)이라는 시간적 제약에 대한 기속의 정도는 자막과 더빙에 있어 의미 있는 차이가 없어 보인다. 그러나 더빙의 경우 공간적 제약은 존재할 수 없다. 자막과의 두드러진 차이점인 직역, 설명, 강조, 감탄, 장황 등은 더빙이 공간적 제약으로부터 자유롭다는 것을 잘 보여주고 있다.

ii) 메시지의 변화

자막과 비교하여 나타난 메시지의 변화를 빈도별로 요약하면 다음과 같았다.

제목	공손성 증가	표현형 문장 증가	유머효과의 증가
Finding Nemo	6	4	1
The Incredibles	10	3	2
Shark Tale	7	4	0
합계	23	11	3

[표 18] 더빙에서의 메시지 변화

ST: Do you have to read at the table? [The Incredibles]
자막: 식탁에서 신문 봐야 돼?
더빙: 꼭 지금 신문을 봐야 돼요?

ST: Because you so broke your bologna has no first name! [Shark Tale]
자막: 돈도 없으면서 돈독만 올라 있잖아.
더빙: 돈도 없는 아저씨가 맨날 폼만 잡으니까 그렇죠!

더빙에서는 자막에 비해 공손성이 증가했음이 눈에 띈다. 위 첫번째 예의 자막에서는 아내가 남편에게 반말을 쓴다. 이를 자막만을 두고 고찰할 경우, 자막에서의 반말사용이 TT의 가정문화를 반영한다(장민호, 2005)고 볼 수도 있다. 그러나 파일럿 스터디에서는 동일한 영화에서 자막과 더빙에 따라 존댓말/반말의 양상이 다르게 나타났다. 둘째 예에서도 호칭과 함께 존댓말이 사용돼 등장인물 사이의 관계를 TT 문화에 보다 근접하게 설정하고 있다. 전반적으로 더빙에서는 자막에 비해 공손성이 높게 나타났다.

ST: Now, Dory, I want you to tell me······. Do you see any thing? [Finding Nemo]
자막: 분명하게 말해봐. 보이는 게 있어?
더빙: 자, 도리, 솔직하게 말해봐. 뭐 보이는 건 없어?

ST에서는 호칭(Dory)과 "now" 등의 표현으로 화자의 설득하려는 의지가 드러나 있지만, 자막은 단순한 명령문으로 바뀌었다. 그러나 더빙은 ST의 호칭 등을 그대로 직역하고 있다.

앞서 언급한 바와 같이 자막은 더빙에 비해 추가적인 제약, 즉 공간적 제약에 기속된다. 더빙과 비교 관찰한 결과 자막은, 공간이라는 추가적 제약을 극복하기 위해 감정적 텍스트타입과 과장을 빈번하게 사용하는 것으로 나타났는데, 번역이라기보다는 창작에 가까웠다. 더빙의 경우엔 이런 양상은 찾을 수 없었다.

> ST: Because even a superstar Mack Daddy fish like me has to have the basic necessities. [Shark Tale]
> 자막: '맥 대디 같은 친구도 <u>원초적 본전</u>'을 따질 테니까요.
> 더빙: 사실 나같이 유명하고 인기 짱인 미남 물고기도 <u>필요한</u> 건 있는 거니까 말이죠!

자막의 '원초적 본전'은 ST의 "생필품"을 유머효과를 노려 바꾼 듯하지만 다소 엉뚱하다. 그러나 더빙에서는 '필요한 것'으로 번역됐다. 직역이라서 유머효과는 없지만 과장되지 않고 가독성이 높다. 자막에서의 과장적 표현은 그 오류에도 불구하고 표현의 일관성 때문에 추후 다른 대사에서도 계속 나타나는 경우가 있다.

> ST: That's a billboard, Crazy Joe. [Shark Tale]
> 자막: 백합 말고 복합 아파트야.
> 더빙: 사실 저건 광고판이야, 크레이지 조!

텍스트만으로는 직역을 한 더빙이 훨씬 이해하기 쉽다. 자막이 엉뚱한 의미로 나타난 것은 직전의 대사에서 ST의 '펜트하우스'를 자막에서 '백합 아파트'로 번역했기 때문이다. '백합 아파트'라는 일관성을 유지하고 동시에 ST의 유머효과도 유지하기 만든 것이 위 예의 자막이다. 이러한 관찰은 자막과 더빙이 서로 다른 번역자에 의해 이루어지거나 또는 더빙과 자막이 동일 번역자에 의한 것이라도, 전혀 다른 번역전략을 적용했다고 유추할 수 있다. 다음도 그런 예다.

ST: Ice of you to drop by. [The Incredibles]
자막: 어이, 썰렁맨 왔나?
더빙: 어서 오시게, 아이스 맨

ST: Hey, Mr. Grumpy Gills. [Finding Nemo]
자막: 이봐, 미스터 궁시렁.
더빙: 이봐, 툴툴 물고기 선생.

ST: He put a tack on the teacher's chair… during class. [The Incredibles]
자막: 선생님 의자에 압정을 놨대. 수업 중에!
더빙: 선생님 의자에 압핀을 갖다 놨대요. 수업 중에 말이에요

먼저 위 첫 예에서 ST는 'Nice of you to drop by'와 발음이 유사하면서도 상대방이 얼음을 만드는 초능력을 갖춘 사람이라는 것을 암시하고 있다. 이를 감안할 때 자막의 '썰렁맨'은 ST의 유머를 매우 효과적으로 살린 번역이다. 그러나 더빙에서는 '썰렁맨'을 포기하고 유머효과가 없는 '아이스 맨'을 선택했다. 자막에서의 다음 대사는 "그건 또 뭔 이름이야"로 유머효과가 없고, 더빙에서의 다음 대사는 "하, 냉동맨은 아니고?"로 번역돼 유머효과를 노리고 있다. 둘째 예에서, 굳이 다른 호칭을 쓸 필요가 없어 보이는 데에도 불구, 자막은 "미스트 궁시렁", 더빙은 '툴툴 물고기 선생'으로 표현했다. 둘 다 유머효과를 노리고 있으나, 주관적 견해지만, '궁시렁' 쪽에 더 이해가 쉬운 듯하다.

세 번째 예는 언뜻 자막과 더빙이 큰 차이가 없어 보인다. 단지 더빙의 경우 구어표현으로 바꾸기 위해 단어 몇 개가 추가된 것처럼 보인다. 그러나 자막에서의 '압정'이 더빙에서는 '압핀'으로 바뀌었다. 이는 동일인의 다른 번역전략이 아니라 다른 번역자에 의해 더빙용 번역이 이뤄졌음을 짐작케 한다. 이러한 관찰은, 자막을 바탕으로 한 윤색이나

첨가 등이 더빙의 주된 작업일 것이라고 생각해 왔던 연구자에게는 뜻밖이었다. 연구대상인 3편의 애니메이션에서 이런 양상이 모두 관찰됐기 때문이다. 서로 다른 번역사에 의해 자막과 더빙이 이뤄졌거나, 또는 동일 번역자의 상이한 번역전략에 의해 자막과 더빙이 이뤄졌다면, 이번 분석결과는 더욱 의미가 클 것이다.

자막과 더빙이 이러한 관찰에 입각한다면 더빙번역이 자막에 비해 ST에 더 충실하고 메시지의 변화폭도 더 작다고 볼 수 있다. 이러한 관찰이 더빙영화와 자막영화 전반에 대한 품질평가의 근거로 직결될 수는 없음은 물론이다.

ST에 대한 충실성이 자막과 더빙번역에서 다르게 나타나는 것은 세 가지 관점에서 설명할 수 있다. 먼저, 더빙번역(성우의 TT 발화)에 대한 관객의 의존도는 자막에서의 그것보다 높다. 더빙 영화의 관객은 ST발화자의 음성을 들을 수 없고 성우의 TT 발화에만 의존한다. 따라서 더빙 번역사는 ST발화가 담고 있는 형식적 요소, 예를 들면, 반복, 헛기침 등 까지도 최대한 TT발화에 반영해야 한다. 자막의 경우, ST발화자의 음성이 관객에 그대로 노출돼, 이런 음성 영상 정보가 메시지 전달기능을 자막과 분담하므로 번역사는 자막으로 나타낼 메시지와 표현형식에 대해 그만큼 재량 또는 선택의 여지가 있는 것이다.

둘째, 더빙의 동시성(synchronization)이다. 동시성으로 인해 TT의 양적 변화는 생략 등 다양한 번역기법으로 축소가 빈번한 자막에서보다 제약이 더 클 수밖에 없다. TT의 양적 변화가 크지 않다는 것은 양적 변화에 민감한 공손성, 화행 등에서의 메시지변화의 개연성을 낮추어 준다.

셋째, 다른 영화 장르에서와 달리 애니메이션에서 더빙이 자막과 같이 제공된다는 것은 가족 단위의 시청을 염두에 둔 것이다. 가족은 다양한 성격의 관객으로 구성된다. 자막읽기에 대한 능력, ST 언어와 문화에 대한 이해도, 화면 집중도가 다를 수 있는 집합체인 '가족'이 함께 시청한다는 것은 그만큼 이들이 공유하는 인지적 보완소(cognitive complements)가 적다는 것을 의미하며, 결국 더빙이 자막보다 더 많은 정보를 담아야 한다는 것을 의미한다.

5. 결론

본 연구는 5개 영화장르에서 총 16편의 영화를 선정해 각각의 영화에서 50개의 대사를 정해 총 800개의 한글자막 대사를 대상으로, 자막의 양적 변화, 메시지 변화, 그리고 번역기법을 관찰하고, 자막의 양적 변화 및 메시지 변화를 5개 영화장르별로 분석하였다.

자막의 양적 변화를 분석한 결과, 단어 수를 기준으로 한 전체영화의 축소율은 34.96%였으며, 총문장수 기준으로는 6.56%다. 자막의 축소현상은 장르별로도 관찰되었다.

장르	애정	액션	추리	애니메이션
축소율	34.13	36.44	37.94	25.96

[표 19] 장르별 축소율

자막의 축소로 인한 메시지의 변화를 관찰한 결과, 227회의 메시지 변화 건수 중 가장 큰 변화를 보인 메시지 형태는 공손성(120)으로 전체 메시지 변화의 52.86%를 차지해 자막축소로 메시지가 변할 경우, 과반수는 공손성의 변화임을 알 수 있었다.

공손성 다음으로 축소에 의해 영향을 받는 메시지는 유머 효과(57)였으며, 전체 축소 건수에 대한 비율로 보면, 25.11%였다. 축소에 의한 유머 효과의 변화 방향은 공손성과 달리 증가와 감소의 빈도가 유사하게 나타났다.

화행의 변화는 상대적으로 가장 낮은 빈도(50)를 보였다. 단언형 문장으로의 전환이 축소에 크게 기여할 것이라는 연구초기의 예상대로, 단언형 문장으로의 전환은 높은 빈도(21)를 보였다. 그러나 예상과 달리 표현형 문장으로의 전환이 단언형 문장으로의 전환보다 근소한 차이긴 하지만 가장 높은 빈도(22)를 나타냈다.

대체적으로 생략은 세 가지 메시지종류 중 두 가지, 즉, 텍스트 타입의 변화와 공손성 감소에, 의역 – 일반화는 유머효과 감소에, 그리고 의역 – 구체화는 유머효과 증가에 기여하는 것으로 나타났다. 자막의 양적 변화에 있어서도 마찬가지다. 대체적으로 의역 – 일반화는 자막의 양적 축소에, 그리고 의역 – 구체화는 자막의 양적 확장에 기여했다. 자막의 양적 변화에 있어서, 생략은 방향에 있어서는 일방적이고, 그 정도에 있어서도 가장 높은 빈도를 나타냈다.

연구를 통해, 한글자막에서의 축소현상의 보편성의 개연성은 매우 높다는 것은 확인했으나, 이를 통계적으로 뒷받침하기에는 연구대상 영화 편수가 적었다. 따라서 축소현상의 보편성을 통계적으로 입증하기 위해서는 영화 편수를 대폭 증가시켜야 함을 의미한다.

자막의 양적 축소가 ST의 메시지를 감소시킨다는 점도 확인됐다. 연구에서는 따라서, 더욱 많은 자막에 대해 다양한 측정단위를 적용함으로써 자막의 축소현상을 관찰한 다음 영화장르에 따라 축소현상이 어떤 차이를 보이는가를 관찰할 필요가 있다.

제7장 자막분석 사례와 연습

　이번 장에서는 실제 자막을 대상으로 지금까지 배운 내용을 확인한다. 자막의 출처는 8편의 영화이다. 이들 영화 중 임의의 시작점을 정해 그로부터 50개의 연속된 대사를 표로 정리하였다. 표의 오른쪽은 메시지변화와 양적 변화의 예를 표시하고 있다. '메시지 변화'는 세가지로 나뉘어 공손성의 변화('공'), 유머효과의 변화('유'), 그리고 기타 메시지의 감소로 분류했다. '구'는 번역기법 중 '구체화'를 의미하고 '일'은 '일반화', 그리고 '대'는 '대체'를, '생'은 '생략'을 의미한다. '+', '−'의 부호는 증가와 감소를 각각 표시한다. '+구'는 구체화로 인해 해당 메시지가 증가했음을 나타낸다. 오른쪽 '양적 변화' 칸에서 'R'은 '축소(reduction)'를 'E'는 '확장(expansion)'을 의미한다. 예를 들어, 'E 8/12'는 ST의 어휘수가 '8', TT의 어휘수가 '12'로 TT가 확장됐음을 나타낸다.

Laws of Attraction

00 : 14 : 30 - 00 : 18 : 00

#	ST	TT	메시지 변화 공	메시지 변화 유	메시지 변화 기타	양적 변화
1	<u>One of</u> New York's <u>most</u> successful attorneys.	뉴욕의 저명한 **변호사**를 소개합니다.				R8/7
2	First in her class at Yale, and <u>partner</u> at Katz, Cohen and Phelps - Audrey Woods.	예일대 수석졸업에 카츠, 코언, 펠프스를 잇는 오드리 우즈양입니다.				외
3	Sorry.	죄송합니다.				S
4	Small world, eh?	세상 **참**좁죠?				S
5	And another counselor **kind enough to step in at the last minute**.	어렵게 모신 또 한 분의 변호사 **기욘힐더**(일)				R12/9
6	Some say there's **method** in his **madness**.	혹자는 그의 무모한 행동 속에 길이 있다고 하고 (구)(일)		+구		E8/12
7	Some say **madness** is his method.	혹자는 무모함 **자체**가 그의 방식이라고 합니다. (구)		+구		E6/11
8	<u>He's</u> practiced in Chicago, Boston, Los Angeles. <u>And I guess</u> **practice makes perfect**···	시카고, 보스턴 L.A,에서 활동하면서 독보적인 존재로 자리 매김 했습니다. (일)			-일	R14/12
9	because <u>he's</u> never lost	한 번도 져 본 적이 없				E7/10

제7장 자막분석 사례와 연습 *139*

	a case.	기 때문입니다.			
10	The "late" Daniel Rafferty.	지각생 다니엘 레퍼디 씨입니다.			E4/6
11	<u>Do you</u> always **look like an unmade bed?**	항상 그렇게 **부스스하게 다녀요?**		- 일	R8/5
12	Oh!	이런…			S
13	<u>You've</u> either taken an <u>immediate</u> dislike <u>to me</u> for some inexplicable reason or you're **flirting with me.**	주는 거 없이 미워서 ~~생각들요~~ 아니면 꼬시는 거요? (일)			R19/11
14	Which one <u>is it</u>?	어떤 거요?			R4/3
15	I'll give you <u>hint</u>.	~~힌트줘~~ (일)			R5/3
16	You're getting warm with the first one.	~~후자는~~ 전자에 더 끌리네요.			R8/6
17	What was the second one again?	후자는 왜 아니죠? (구)			R6/4
18	What are <u>you</u> doing here?	여긴 왜 왔어요?			R5/4
19	At least <u>you</u> could be <u>a bit more</u> grateful.	적어도 ~~나한테~~고마 워해야 할 걸요			R9/6
20	<u>Grateful</u> for what?	왜요?			R3/2
21	Well, <u>my old friend</u> Lyman over there needed a **replacement**. He asked <u>me</u> if I knew an interesting lawyer. I happen to think you're very interesting.	**머릿수 채워줄 변호사**가 필요하다며 재미있는 변호사를 소개해 달라기에 순간 당신이 떠오르더군요.	- 구	+구	R27/15
22	You?	~~꼭~~당신이?			E1/3

23	Mmm.	음			S
24	Please welcome our first panelist...	첫 번째 토론자인…	- 생		S5
25	I'm here because of you?	내가 여기 온 게…			R6/5
					184/155
26	Audrey Woods.	우즈 양을(오스트)	+구		E2/4
27	You're up.	당신이잖아요.			R3/2
28	So my advice to you is divorce doesn't have to be agony.	제가 생각하는 이혼은, 고통이 아닙니다.(일)	+일		R13/9
29	Look at it as a chance to examine the complex emotional labyrinth.	복잡한 감정을 정리할 수 있는 기회죠.(일)	- 일	생	R12/9
30	that is the human relationship.	스트을인간관계에 대해서요.			E5/6
31	Well done, well done.	잘했어요.			R4/2
32	Thanks. Ms. Woods, very enlightening	감사합니다.	- 생		R5/2
33	Like a nibble.	한 입 먹을래요?			S3
34	You raise some interesting points	좋은 말씀이군요.			R5/3
35	No?	싫어요?			S
36	And now let's hear from Daniel Rafferty.	다음은 다니엘 레퍼디 씨		생	R8/5
37	Mmm, that's me. Any snow-bits?	저네요. 뭐 문(9핫$?)(일)			R6/4

38	Hi.	안녕하세요.			S
39	Thank you very much. Good morning, <u>ladies and gentlemen</u>. Ah, wonderful speech, <u>Ms. Woods</u>.	감사합니다. 좋은 아침입니다. 말씀 잘 들었어요.	-생		R17/7
40	But, uh,.. this is the way I see it. Lawyers are scum.	하나… 제 생각은 이렇습니다. 변호사는 쓰레기입니다. (대)			R12/10
41	Divorce lawyers though... are the **fungus** growing beneath the scum.	특히, 이혼 전문변호사들은 쓰레기에 붙어사는 곰팡이입니다. (구)-(대)		구	E10/12
42	Divorce is the post-mortem of a dead marriage.	이혼은 결혼이라는 시체를 부검하는 겁니다.			E9/10
43	We represent people who have <u>suddenly</u> **discovered** a passion for a fight that they never knew they had <u>in them</u>.	이혼을 하려는 저희 의뢰인들은 자신들도 몰랐던 놀라운 전투력을 **발휘하죠.** (구)			R19/17
45	Hmm	음?			S
46	Don't ask. It's not our jobs.	전 묻지 마세요. 모르니까요.(구)			R8/5
47	<u>Everyone loves gadgets.</u> And the way divorce is going these days you're gonna **get a chance to use them.**	작은 발명품들이 요즘 세상에선 이혼의 **필수** 요소입니다. (구)	-구	+구	R20/12
48	**State of the art stuff** for tracking the **philandering husband or**	배우자가 의심스러울 땐 몰래 카메라가 필요하죠.(일-일-구)			R14/8

#	pST	TT	메시지 변화	양적 변화
	the unfaithful wife.			
49	For instance, a camera this small can take a picture this big.	예를 들면, 이 소형 카메라, 이 작은 걸로 사진을 찍으면…이렇게 나오죠 (일)	- 일	E12/14
50	Amazing, isn't it?	놀랍지 않습니까?		R4/2

Identity

00 : 44 : 39 - 00 : 55 : 49

#	pST	TT	메시지 변화	양적 변화
1	Timothy.	티모시?		S
2	Alice? Oh, my God. Alice?	엘리스? 세상에	생략(반복)	R5/2
3	I don't remember anything.	아무것도 기억이 안나		S5/5
4	We had an accident.	사고 였어.	생략(주어, 동사)	R4/2
5	George? Can you keep an eye on Ginny for a minute?	조지? 잠깐 지니 좀 봐줄래요?		R11/6
6	She's awake now.	그녀가 깼어요.	생략(시간)	R4/3
7	I have to get some aspirin to help her.	아스피린 갖다 줘야 돼요.	생략(주어, 형용사, 부사구)	R9/4
8	Darling, I gotta go get something out of my room.	찾을게 있어서 그래요.	생략(호칭=공손 - , 장소)	R10/4
9	Shit!	젠장!		S
10	What's wrong, buddy?	왜 그러는데?	생략(호칭 -	R4/3

			공손-)	
11	What do you got in the fridge?	냉장고 안에 뭐지?	생략(주어, 동사)	R7/5
12	You shut up.	닥쳐	생략(주어)	R3/1
13	What's in there?	-뭐야?	생략(장소)	R4/1
14	What's in there?	뭔데 그래?	생략(장소)	R4/3
15	What do you got in there?	뭐가 들었지?	생략(주어, 동사, 장소)	R6/3
16	Shut up.	닥쳐	생략(주어, 허사)	R6/1
17	What is it, huh?	뭐야?		R4/1
18	Shut up.	닥쳐		R2/1
19	You can tell me.	-나한테만 말해	생략(주어, 조동사) TT(i-o)	S4/4
20	I'm good at keeping secrets.	난 비밀 잘 지켜		R6/4
21	I got a whopper myself.	너 말고도 또 있다구.	생략(목적어)	S5
22	What are you doing?	뭐하는 거요?	생략(주어)	S4/4
23	Mother fucker!	빌어먹을!	의역(일반화 =공손+)	R2/1
24	What are you doing out here?	여기서 뭐하냐 구요?	생략(주어)	R6/4
25	Getting shit that's mine.	당신이야말로 지금	의역(일반화 =유머효과-, 공손성+) TT(E-I)	R5/3
				121/74
26	What are you doing?	뭐하는 거예요?	생략(주어)	S4
27	What, I don't get to ask a question?	난 물어보면 안돼요?		R9/5
28	I'm taking photos. There's been two murders. Before all the evidence--	사진 찍은 거 에요, 증거가 전부…	생략(주어, 문장, 부사)	R13/7

29	That's not an answer. You're a limo driver. What are you doing?	당신은 리무진 운전사에요. 지금 뭐하는 거죠?	생략(문장, 주어)	R14/9
30	Looking to win some "beyond the call of duty," limo-driver merit badge?	영웅 표창이라도 받고 싶은 거에요?	의역(일반화 =유머-)	R14/7
31	You're not on the job anymore. You don't need to be a hero.	당신이 영웅이 될 필요 없어요.	생략(문장)	R15/8
32	There's a real, live, active-duty cop outside--	저 밖에 현역 경찰이 있으니까--	생략(형용사)	R8/7
33	The one who's managed to lose a **convicted killer**?	호송 죄수 놓친 사람 말에요?	의역(일반화)	R10/6
34	You're a complicated **cat**, Edward.	복잡한 **사람**이군요.	생략(주어, 명사, 호칭=공손-) 의역(일반화=유머-)	R6/3
35	No, Not really.	아뇨 그렇지도 않아요.		S3/4
36	I think so.	그럴걸요	생략(주어)	R3/1
37	What month were you born?	몇 월에 태어났죠?	생략(주어)	R5/4
38	May.	5월		S
39	Taurus.	황소자리		S
40	Same as me.	나랑 같네요.		S3
41	-Where were you a cop?	어디 경찰이었죠?	생략(주어)	R5/3
42	Los Angeles.	LA		R2/1
43	Were you fired or did you quit?	해고예요, 사직이에요?	생략(주어)	R7/4
44	I took medical leave.	병가에요	생략(주어, 동사)	R4/2
45	It was making me sick.	지쳐 있었어요.	생략(주어, 동사)	R5/3

#	ST	TT	메시지변화	양적 변화
46	I burned out, I guess. Wasn't up for it.	탈진 상태였죠.	생략(허사, 문장)	R10/3
47	One day I got a call…	어느 날, 자살 소동…		R6/4
48	…for a jumper.	신고를 받았어요.		S3
49	A young Mexican girl.	멕시코 여자였죠.		R4/3
50	Pregnant, infected with AIDS, totally strung-out.	임신에 에이즈까지, 지칠대로 지친	생략(동사)	S6/6

I, Robot

00 : 23 : 00 – 00 : 27 : 31

#	ST	TT	메시지변화	양적 변화
1	So where is **everybody**?	직원은 어딨죠?	생략(접속사), 의역(구체화)	R4/3
2	This facility was **designed, built and is operated mechanically.**	공장은 **전자동**으로 돌아가요.	생략(형용사), 의역(일반화)	R10/6
3	No significant human presence from inception to production.	설계부터 생산과정까지…	생략(중복내용)	R8/5
4	So robots building robots.	로봇이 로봇을 만든다.	생략(접속사)	S
5	**Authorization code**, please.	암호를 대세요.	의역(일반화)	S3
6	That's just stupid.	웃기는군.	생략(주어, 강조)	R4/1
7	I'm pulling up the inventory specs.		생략(영상보완)	R7/0
8	Our daily finishing capacity is 1000 NS-5s. I'm showing 1001.	NS-5 도ː 1일 생산량이 1000대데 현재 수량은 1001대요.	생략(소유)	E11/13

146 번역과 자막

9	Attention, NS-5s.	NS-5. 모두 주목!	확장(강조)	E2/3
10	Well, you're the **robot shrink**.	군기 잘 잡네.	의역(구체화)	R6/3
11	There is a robot in this formation that does not belong.	외부 로봇이 여기 침입했다.	의역(구체화)	R11/6
12	Identify it.	어딨지?	의역(일반화)	R2/1
13	Which one.	어딨어.		R2/1
14	One of us.	우리 중에요.		S3
15	How much <u>did you say</u> these cost?	얘들 가격 얼마요?	생략(허사)	R7/4
16	<u>Look, These NS-5s</u> have<u>n't been</u> **configured**. <u>They're</u> **just hardware**.	아직 미완성품이에요.	생략(허사, 주어,) 의역(일반화)	R11/4
17	Basic-Three-Laws <u>Operating System. That's it</u>. <u>They don't know any better</u>.	로봇 3원칙만 내장돼 있죠.	생략(형용사, 명사) 생략(문장)	R8/7
18	What would you suggest?	이제 어쩌죠?	의역(구체화)	R6/2
19	Interview each one, <u>cross-reference their responses to</u> detect **anomalies**.	하나씩 면담 후 수상한 걸 찾아야죠.	생략(동사, 목적어) 의역(일반화= 과학전문용어 의 일반화)	R9/7
20	How long would <u>they</u> take?	얼마나 걸려요?	생략(주어)	R5/2
21	<u>About</u> three weeks.	3주?	생략(단정)	R3/2
22	Okay. <u>Go ahead and</u> get started.	좋아요, 시작해요.	생략(허사)	R6/3
23	Robots…	로봇들!		S
24	… <u>you</u> will not move. Confirm command.	동작 그만! 명령이다	생략(주어) 의역(일반화)	R6/4
25	Command confirmed.	명령 실행	의역(구체화)	S2

				141/95
26	Detective, what are you doing?	뭐하려 구요?	생략(호칭=공손-)	R5/2
27	They're programmed with the Three Laws.	3원칙이 내장 됐댔죠?	생략(주어)	R7/6
28	We have 1000 robots that won't protect themselves if it violates a human's order…	그럼 1000대는 방어를 안 할 거 아뇨.	생략(주어, 동사, if-절, 목적어)	R15/10
29	… and I'm betting, one who will…	한 놈은 할걸?	생략(강조), 확장(동사)	R7/5
30	Put your gun down.	그 총 내려요		R4/3
31	Why do you give them faces?	왜 사람 모양으로 애들을 만들었죠?	생략(주어, 동사) 의역(일반화)	R15/7
32	Try to friendly them up, make them look human.			
33	These robots cannot be intimidated.	위협은 안 먹혀요	생략(주어)	R5/4
34	If you didn't, we wouldn't trust them.	믿음을 주려고?	의역(구체화)	R9/3
35	These are USR property	USR 재산이에요	생략(주어, be동사)	R4/3
36	Not me. These things are just **lights and clockwork**.	난 아녓들은 그저 쇳덩이일 뿐이야	생략(문장) 확장(설명)	S9
37	Are you crazy?	미쳤어요?	생략(주어, 동사)	R3/1
38	Gotcha. Get the hell out of here!	찾았다, 나가요!	생략(속어=공손+)	R7/2
39	Detective!	형사님!		S
40	What am I?	난 누구죠?		R3/2
41	-Can I help you, sir? -Can I help you, sir?	도와 드릴까요? 도와 드릴까요?		R10/6
42	-There he is!	-저깄다!	생략(주어)	R7/3

#	ST	TT		
	-Stand where you are!	-꼼짝 마!		
43	Deactivate at once!	당장 동작 중지!		S3
44	Obey the command! Deactivate!	명령 안 들려?	의역(일반화) =TT(o-e)=공손 +	R4/3
45	-Don't move! -Open fire!	-동작 중지! -~~조준~~사격!	확장(강조)	R5/4
46	Hold your fire!	사격 중지!		R3/2
47	Easy -He's **down**.	그만 -잡혔어	의역(일반화)	R4/2
48	All units, stand down.	모두 무기 내려놔!		R4/3
49	Central, please be advised, we're **code four**.	상황 종료!	생략(허사) 의역(일반화)	R8/2
50	Code four, NS-5 is in custody. NS-5 **in custody**.	NS5를 체포했다	생략(반복) 의역(일반화)	R9/4

Finding Nemo

00 : 30 : 39 - 00 : 15 : 23

#	ST	TT	메시지 변화	양적 변화
1	Nemo, Nemo.	니모.	생략(반복)	R2/1
2	Are you gonna eat that?	그거 먹을 거야?	생략(주어)	R5/3
3	Careful with that hammer	그 망치 조심해.		S4
4	What does it say? Dory!	뭐라고 적혀있어? 도리?	생략(주어)	S5
5	A sea monkey has my money.	은상어가 내 돈 뺏어갔어.		S6
6	Wake up. Get up. come on.	얼른 일어나.	생략(반복)	R6/2

7	Come on.	어서		R2/1
8	Yes, I'm a natural blue.	내 머리 염색한 거 아냐.	생략(강조)	S6
9	Get up!	얼른 기상!	확장(강조)	S2
10	Look out! Sharks eat **fish**!	상어가 날 잡아먹어.	생략(강조), 의역(구체화)	S5
11	Dusty.	먼지 투성이야.		E1/2
12	The mask. Where's the mask?	수경은 어디 있어?	생략(강조)	R6/4
13	No, no. Not the mask! Get it! Get the mask! Get the mask! Get it!	안 돼, 수경 잡아! 어서 잡아!	생략(반복)	R14/6
14	**It just keeps going on, doesn't it?** Echo! Echo!	끝없는 **심연**이야. 야호, 야후!	의역(일반화)	R10/6
15	Hey, What are you doing?	왜 그래?	생략(허사)	R5/2
16	It's gone. I've lost the mask.	수경을 잃어버렸어.	생략(반복)	R8/4
17	- Did you drop it? - You dropped it!	- 떨어뜨렸니? - 네가 그랬잖아!	생략(주어)	R1/5
18	That was my only chance for finding my son.	아들을 찾을 유일한 단서였어.	생략(주어, 소유)	R8/6
19	Now It's gone.		생략(반복)	R4/3
20	Hey, Mr. **Grumpy Gills**.	이봐, 미스터 **궁시렁**.	의역(구체화)	R4/3
21	When life gets you down, know what you got to do?	삶이 널 실망시키면 어쩐다고?	생략(동사, 주어)	R11/6
22	I don't want to know.	알고 싶지 않아.	생략(주어)	R6/3
23	Just keep swimming. Just keep swimming. Swimming. Swimming.	계속 헤엄쳐. 계속해서 헤엄쳐. 쉬지 말고 헤엄쳐.		R8/10
24	What do we do?	어쩐다고?	생략(주어, 주어)	R7/3

	We swim, swim.	헤엄쳐!		
25	Dory, no singing.	노래 그만!	생략(호칭=공손-)	R3/2
26	I love to swim. When you want to swim…….	난 헤엄이 좋아. 헤엄 치고 싶을 땐…….	생략(주어)	S8
27	See, I'm going to get stuck now with that song.	그만, 머릿속에 미원을 넣은 기분이야.	생략(주어), 의역(구체화=유머+)	R11/9
28	Sorry.	미안.		S
29	Dory! Do you see anything?	뭐가 좀 보여?	생략(호칭=공손-)	R5/4
30	- Something's got me. - That was me, I'm sorry.	- 누가 날 붙잡아. - 나였어.	생략(문장=공손-)	R10/5
31	- Who's that? - Who could it be? It's me.	- 누구야? - 누구긴, 나지!		R10/6
32	- Are you my conscience? - Yeah, I'm your conscience.	- 네가 너으니냐? - 그래, 네 안의 너다.	의역(대체유머+)	E9/13
33	We haven't spoken for a while. How are you?	간만에 하는 대화지? 잘 지내?		R10/7
34	Can't complain.	불만 없어.		R3/2
35	Yeah? Good.	좋아.		R2/1
36	Now, Dory, I want you to tell me……. Do you see any thing?	분명하게 말해봐. 보이는 게 있어?	생략(호칭, 동사=공손-), TT(i-o)	R13/7
37	I see…….a… I see a light.	뭐가 보이냐면…빛이 보여.	생략(주어)	R7/6
38	A light?	빛?		R2/1
39	Yeah. Over there.	맞아, 저쪽!		S3
40	- Hey, conscience, am I	- 내가 죽었어?	생략(호칭=유	R10/7

	dead? - No, I see it, too.	- 아니, 나도 보여.	머-)	
41	What is it?	뭐야?		R3/1
42	It's so pretty. I'm feeling··· happy.	정말 너무 예쁘다. 난 기분이 노흥치행복해.	생략(주어0확대(강조)	E8/9
43	Which is a **big deal** for me.	나한테는 아주 특별하고 드문 경험이야.	의역(구체화)	S
44	I want to touch it.	만져보고 싶어.	생략(주어, 목적어)	R5/3
45	Hey, come back. Come on back here.	이봐, 돌아와. 내가 붙잡을 테야.		E7/8
46	I'm gonna get you. I'm gonna get you. I'm gonna get you.	내가 만져볼테야.	생략(반복)	R15/4
47	I'm gonna swim with you. I'm gonna get you.	너랑 헤엄칠 테야.	생략(주어, 문장)	R11/5
48	I'm gonna be your best friend.	너랑 단짝 친구가 될 테야.	생략(주어,	S7
49	Good feeling's gone.	느낌이 안 좋아.	의역(구체화)	S4
50	I can't see. I don't know where I'm going!	안보여. 어디로 가야 해?	의역(구체화)	R12/6

The Incredibles

00 : 17 : 20 - 00 : 20 : 08

#	ST	TT	메시지변화			확장.축소
			공	유	기타	
1	-Mom. You're making **weird** faces again. -No, I'm not.	-또 웃긴 얼굴 했어요. -내가 언제? (구)				R11/6

2	You make weird faces, honey	웃긴 얼굴 맞아	-생			R5/3
3	Do you have to read at the table?	식탁에서 신문봐야 돼? (구)				R8/5
4	Yeah	응.				S
5	Small bites, Dash.	좀잘라서 먹어				S3
6	Bob, could you help the carnivore cut his meat?	여보, 우리 야만인 애들 고기 좀 잘라줘	-생			R9/8
7	Dash, you have something you wanna tell your father about school?	학교에서 있었던 일 아빠에게 말씀드려(대쉬, 학교생활에 대해서 아빠한테 얘기 할 거 없어?)	-생			R11/8
8	-Well, we dissected a frog. -Dash got sent to the office again.	- 개구리 해부 했어요. - 또 교장실에 갔어. (구)				R13/7
9	-Good. Good. -No, Bob, that's bad.	-좋아 -그건 나쁜 일이야	-생			R7/5
10	-What? -Dash got sent to the office again.	-뭐? -대쉬가 또 교장실에 갔다고? (구)				R8/7
11	-What?! What for? -Nothing.	-왜? -그냥요				R4/3
12	He put a tack on the teacher's chair… during class.	선생님 의자에 압정을 놨대. 수업 중에!				R10/9
13	Nobody saw me. You could barely see it on the tape.	아무도 못 봤어요. 테이프에도 안 보이잖아요.				R11/7
14	They caught you on tape and you still got away with it?	카메라로 찍었는데도 안 들켰단 말이니?				R12/8
15	You must have been	이번엔 신기록이겠는				R10/7

	booking. How fast <u>were you</u> <u>going</u>?	데? 얼마나 빨랐던 거야?			
16	<u>We</u> are not encouraging this.	잘 했다고 하면 어떻게			R5/4
17	<u>I'm</u> not encouraging. I'm just asking how fast…	그게 아니라 얼마나 빠른지 묻는 거야			R10/6
18	Honey!	여보!			S
19	<u>Great</u>. First the car, now <u>I gotta pay to fix</u> the table…	차도 그 모양이더니 이젠 식탁까지…			R12/8
20	What happened to the car?	차가 왜?			R5/3
21	<u>Here</u>. <u>I'm</u> getting a new plate.	새 접시 가져올게			R7/4
22	So, how about you, Vi? <u>How was school</u>?	바이올렛넌 어땠니?			R8/3
23	-Nothing to report. -You've hardly touched your food.	-별거 없어요. -왜 안 먹어? (구)	- 구		R9/6
24	I'm not hungry for meat loaf.	미트 로프는 별로 생각 없어요.			외 S6
25	Well, it's *leftover night*.	어제 남은 거라 그래. (일)			중S5
26	<u>We</u> have steak, pasta… What are <u>you</u> hungry for?	스테이크랑 파스타도 있어. 먹고 싶은 거 있니?			
27	Tony Rydinger. -Shut up.	-토니 라이딩저 - 조용히 해! (일)	+일		
28	Well, you are. -I said, shup up, <u>you</u> <u>little insect.</u>	-맞잖아. -조용히 했댔다.	+생		
29	Well, she is. -Do not **shout** at the	-맞대요. -식탁에서 **싸우지** 마!	의역 (일반		

	table.	(일)	화)			
30	Honey! -Kids! Listen to your mother.	-여보! -애들아, 엄마 말 잘 들어				
31	She'd eat if we were having **Tony loaf.**	**토니 로프** 주면 잘 먹을 거예요 (토니로프나 주면 얼른 먹었을텐데…)				외
32	That's it!	진짜 못 참아! (구)				
33	-You're gonna be toasted! -Stop running in the house.	-가만 안 둬! (일) -집에서 뛰지 마!	- 일	+일		
34	Sit down!	앉아!				
35	Hey, no force fields! -You started it.	자기장 쓰면 ~~본조주아!~~ -짜증나게 했잖아! (구-구)				
36	You sit down! You sit down.	앉지 못 하겠니!				
37	Violet!	바이올렛!				
38	*Simon J Paladino.*	"사이몬 J 팔라디노" "실종"				
39	Longtime advocate of super-hero rights is missing?	슈퍼 영웅들의 권익을 위해 싸워온 그가 실종되다.				
40	Gazerbeam -Bob! It's time to **engage**.	-게이저 빔! -여보. 애들 좀 **혼내**! (구)				
41	-Gazerbeam Bob! It's time to **engage**.	구경만 말고 좀 **말려**. (구)				
42	Do something! Don't just stand there! I need you to intervene! -You want me to	-좀 말리라니까!(구) -말리라고?				

	intervene?					
43	Okay, **I'm intervening**!	알았어, 그거야 쉽지! (대)				
44	<u>Violet</u>. let go of <u>your</u> brother.	동생 놓지 못하니!	- 생			
45	·Hello!					
46	Get the door	문 열어				
47	Hey, <u>Lucius</u>! Hey, <u>Speedo</u>. Helen, Vi, Jack-Jack.	안녕하세요. - 모두 안녕	- 생			
48	**Ice of you** to drop by. -Never heard that one before.	어이, **썰렁맨** 왔나? (구) - 그건 또 뭔 이름이야?				
49	Lucius!	아저씨!				
50	-I like <u>it</u> when <u>it</u> shatters -<u>I'll be</u> back later.	-부서져야 멋있는데. -이따 봐.				

Shark Tale

00 : 10 : 49 – 00 : 14 : 33

#	ST	TT	메시지변화	양적 변화
1	-Hi. I'm Oscar. -<u>You</u> might think <u>you</u> know but you have no idea.	-안녕, 난 오스카. -다 안다고 생각하겠지만 천만의 말씀.	생략(주어). 의역(대체)	R13/10
2	-Welcome to <u>my</u> **crib**! **The good life! The way the other half lives.**	-상류층 복합 아파트에 온 걸 환영해요.	생략(소유) 의역(구체화=귀화)	R13/9
3	-I got my 60-inch <u>high-def</u> flat-screen TV with **six-speak**er	-이건 60인치 평면 TV와 스피커 6개의 돌비 서라운드.	생략(형용사) 확대(구체화)	E10/12

	surround.			
4	-CD, DVD, Play Station hookup and an 8- track player for those days when you`re feeling just a little... -**Old school**!	-CD, DVD, 플레이스테이션 기능에 8트랙으로 듣다보면 기분이… -처지겠죠?	의역(대체) 의역(일반화=유머-)	R21/13
5	-Because even <u>a</u> <u>superstar</u> Mack Daddy <u>fish like me</u> has to have the **basic necessities**.	-'맥 대디' 같은 친구도 '원초적 본전'을 따질 테니까요.	외국화, 의역 (대체=유머+)	R15/10
6	-Yeah, like money!	~~돈전글병잠방반독~~ 생각!	확장(설명)	E3/6
7	-Come on, shorties. -Why y`all messing with my fantasy?	-이봐 **꼬맹어**! -왜 환상을 깨고 그래?	의역(대체=유머+)	R10/8
8	-Because <u>you</u> so broke **your bologna has no first name!**	-돈도 없으면서 돈독만 올라 있잖아.	생략(주어) 의역(일반화=유머 유지*ST의 의미가 아니라 TT의 리듬으로!)	R10/8
9	-That`s funny. That`s very funny.	-말 만드는 재주가 제법인 걸.	의역(구체화)	S7
10	-Hey Oscar! <u>Oscar</u>! Over here! I got to talk <u>to</u> <u>you</u>!	-오스카, 빨리 와 봐 할 말이 있어.	생략(반복, 목적어)	R11/8
11	-I`ll be right there! Hang onto these.	-기다려. 이거 좀 차고 있어.	의역(구체화)	R8/5
12	-Oscar, you the fish. -Yo, doo!	-오스카는 최고야. -최고, 최고!	생략(주어), 의역	S6
13	-Crazy Joe!	-크레이지 조!		S2
14	-Now that <u>you</u> live in that **great pent house** can I be <u>your</u> financial advisor?	-백합 아파트에 사니까 나한테 회계 담당 맡겨 줘	생략(형용사, 소유) 의역(대체), TT(i-o)=공손	R18/9

15	-That's a billboard, Crazy Joe.	-백합 말고 복합 아파트야.	생략(호칭=공손-) 의역(대체)	R6/5
16	-You live in a billboard? And they call me crazy.	-복합 아파트? 남들은 내가 미쳤대.	생략(주어, 동사)	R10/8
17	-Hey, Oscar! Look who came to visit!	-오스카 누가 왔나 잘 봐.	생략(허사,	R1/5
18	-Gotcha!	-짜잔!		S
19	-No, don't do that. -Shouldn't you kids be in school?	-그러지마. -학교 안 가?	의역(구체화)	R12/5
20	-Shouldn't you be at work?	-넌 일하러 안 가?	의역(구체화)	R6/5
21	-Right back at me, huh? Little smart-mouth. -Look, I'm on my way.	-받아치기 명수구나. -난 갈게.	생략(강조, 목적어, 형용사) 생략(허사)	R13/6
22	-Stay out of trouble, all right? And clean that stuff up!	-사고치지 말고 저건 다 깨끗이 치워.	생략(허사, 허사)	R11/7
23	-See you!	-또 봐!		S2
24	-See you, Oscar!	-또 봐, 오스카!		S3
25	-Yo, what's up, fellows? Big O is **in the house**	-잘 있었어? 오스카의 등장입니다!	생략(호칭=공손-), 의역(일반화)	R11/6
				223/168
26	-Hi, Oscar! -Hi, Oscar!	-오스카, 안녕? -안녕, 오스카?		S4
27	-What's up? -Reef-side	-안녕? -암초 여측확장		E4/5
28	-Yo, Johnson! Is it lunch yet?	-존슨, 점심시간 멀었어?		R6/4
29	-You just got here!	-딱 맞춰서 왔는데!		R4/3
30	-That's my point.	-끼니때 맞춰 온 거야.	의역(구체화)	E4/5
31	-Hey, Headphone Guy!	-이봐, 헤드폰	생략(명사)	S3

32	-Looking good, ladies.	-멋있어 아가씨들!		S3
33	-Hey, Oscar!	-오스카.	생략(허사)	R2/1
34	-Keep up the good work!	-계속 수고해.		R5/3
35	-I`m already punched in? Angie.	-출근부 벌써 찍었잖아? 혹 안냐가	의역(구체화)	E6/7
36	-Good morning. Can I help you? -One wash and lube, Please.	-좋은 아침, 도와 드릴까요? -세차한 다음 가솔린 채 우주세료.	확장(동사)	R11/10
37	-Hot wax? -Please	-왁스는? -그것도요.	생략(형용사)	E3/5
38	-Kelp scrap? We`re having a special. What do you say?	-해초 수세미로 해줘요?	생략(문장)	R11/5
39	-Why not? It`s mating season. I`m feeling lucky.	-좋죠, 짝짓기 철이잖아요. 느낌 좋아요.	생략(주어)	R10/6
40	-Sykes` Whale Wash. A whale of wash, and the price.... -oh, my gosh.	-사익스 세차장입니다. 고래 전문이며 가격은… -'어쩜, 세상에나'!	생략(구=유머 -)	R13/11
41	-May I suggest a barnacle peel? Removes **lines and salt damage.**	-조개 삿갓으로 벗겨줘요? 흠집제거엔 최고죠.	의역(일반화)	R11/9
42	-Good. -Hi, Ang.	-좋아요. -안녕!	생략(호칭=공손 -)	R3/2
43	-Oh, my gosh! Hi, Oscar. -Thanks for **cover**ing for me.	-깜짝이야, 안녕! -출근부 찍어줘서 고마워.(구체화)	의역(구체화)	R10/8
44	-Yo, I`m sorry, Dun. Angie **needs to get her freak on.**	-미안해요, 앤지는 쉬어야 해요.	생략(공손) 의역(구체화)	R12/5
45	-Would you hold for one moment please? Thanks, dog.	-잠깐만 기다려 줘요, 고마워요.	생략(조동사= 공손 -)	R9/5

제7장 자막분석 사례와 연습 **159**

#				
46	-Oscar… -Come on, <u>Ang</u>.	-오스카… -나와 봐.	생략(호칭=공 손-)	R4/3
47	-Dance with me, mama.	-앤지, 나하고 춤춰.		E4/5
48	-Let me see you. Tomorrow, I will be **rich**.	-어디보자. 내일이면 난 백만장자.	의역(구체화)	R9/6
49	-Come on, Ang. -Oscar! You`ll get me fired!	-어서 춤~~춰~~. -이럼 난 잘려.	생략(호칭=공 손-), 확대 생략(호칭=공 손-),	R9/5
50	-<u>Please</u>, you fired? No, that can`t happen.	-네가 잘린다고? 그랬 다간 큰 탈나지.	생략(허사), 의 역(구체화)	R8/7

The Flight of Phoenix

00 : 35 : 50 - 00 : 42 : 22

#	ST	TT	메시지 변화	양적 변화
1	<u>I've been</u> examining the plane. <u>You see</u>, the C-119 is a **twin-boom design**. And the starboard boom here isn't damaged…	비행기를 살펴봤는데 C-119 기종은 ~~동~~ ~~체쌍우김~~H 형인데, 오른쪽은 멀쩡해요.	생략(주어, 허사) 의역(일반화)	R22/16
2	which is great because if the starboard engine stays where it is, <u>at the forward end of the starboard boom,</u> this boom then becomes the fuselage and <u>becomes the plane.</u>	우측날개에 붙은 엔진을 지금 자리에 그대로 두고, 그 뒷부분을 동체로 쓰면, 비행기가 되요.	생략(문장, 장소, 반복)	R30/22
3	You see <u>what I'm saying?</u>	이해 되요?	생략(목적어)	R6/2
4	And while the port area of the tail unit is intact, <u>we will still have to redesign the tail section</u>…	꼬리의 왼쪽부분도 상태가 멀쩡하니까 꼬리날개만 약간 손보면…	생략(주어, 부사) 의역(일반화)	R20/14

5	What the hell is he talking about?	뭔 헛소리야!	생략(주어)	R7/3
6	He's talking about building a new airplane.	비행기를 새로 만들 잔 거야	생략(주어, 동사)	R8/6
7	Out of the old one?	비행기 잔해로?		R5/3
8	Yes, Captain. And flying ourselves out of here.	그래요 공중탈출이 죠	생략(호칭=공손 성-)	R8/4
9	Why didn't I think of that?	그거 괜찮네.	의역(일반화)	R1/2
10	We build a swimming pool while we're at it, huh?	수영장도 만들면 어 때?	생략(주어, 시간, 허사)	R11/4
11	Oh, that's funny.	웃기네요.	생략(감탄사=쉬 운영어)	R4/1
12	You know, there are no component problems.	필요한 건 전부 있어 요.	생략(허사) 의역(일반화)	R7/4
13	We have all the parts and tool we need onboard. I assure you we can do it.	부품과 장비도 비행 기에 있고. 충분히 가 능해요.	생략(주어, 동사, 강조)	R17/10
14	It's impossible!	불가능해.		S3
15	At first glance it seems impossible that a bee should fly. But it does	벌이 나는 것도 불가 능해 보이죠. 안 그래 요?	생략(부사)	R14/11
16	I think bees stung you in your big dumb head.	벌한테 입 쏘이면 정 신 차릴래?	의역(대체)	R10/6
17	What do you know about airplanes?	비행기에 대해 뭘 아 나?	생략(주어)	R6/5
18	I design them, Mr. Towns. That's What I know about airplanes.	난 항공기 디자이너 예요	생략(호칭-=공 손, 문장)	R12/4
19	You know, you might have mentioned that a little piece of information a bit earlier on that area.	왜 진작에 말하지 않 았어?	생략(허사, 목적 어, 목적어)	R16/5
20	Who do you work for?	소속은?	생략(주어)	R5/2

21	What company?	어느 회사?		S2
22	Seasmore & Pratt.	시즈모어&프랫		S3
23	They're in Long Beach. They do mostly experimental aircraft.	실험 항공기를 주로 제작하죠.	생략(문장, 주어)	R10/6
24	And you understand that engine's got a 2000-pound thrust.	엔진 추력이 2천 파운드야	생략(주어, 동사)	R10/7
25	Yes. So?	그래서요?		R2/1
26	So when it gets started, it's gonna t**ear your little bee apart.**	작은 동체로는 **감당 못 해**.	생략(문장) 의역(일반화)	R13/7
27	Well, you just have to be careful this time.	조심하면 돼요	생략(주어, 시간)	R9/4
28	The design is perfect. The only flaw is that **they've to rely on you to fly.**	디자인은 완벽한데 **당신이 조종산** 게 유일한 흠 이에요.	의역(일반화)	R17/11
29	Let's build the damn plane **to get us out of here.** What the hell not?	만들어 봐요. **손해 볼 거 없죠.**	생략(목적어) 의역(구체화)	R1/6
30	Better than fighting over water	쌈질보단 낫지	생략(목적어)	E3/4
31	It's worth a try.	한번 해봐요	의역(구체화) =TT(i-o)	R5tod/4
32	Oh, yeah. It's worth a try.	한번 해보자?	생략(감탄사=쉬운영어=영상보완)	R7/4
33	**We had a few months of unlimited supply of water which we don't.**	갈증에 헐떡거리면서.	의역(구체화)	R14/4
34	And if you do try, you won't live long enough to finish it. None of you will.	섣불**리옵호)**볐다간 전부 **개죽음**이야.	확장(강조) 의역(구체화=공 손성 -)	R18/7
35	What do you think we	대안 있어요?	생략(주어2)	R7/2

	should do?		의역(대체)	
36	Nothing	전혀		S
37	The longer we wait, the **better chance we have of somebody spotting us.**	~~조금~~기다리는 게 현재로선 **최선**이야.	확장(목적어), 의역(일반화)	R13/8
38	Where's Ridell?	누구 리델 봤어요?	의역(구체화)	S3
39	He's <u>definitely</u> not in <u>here</u>.	안엔 없소	생략(강조, 장소)	R6/3
40	<u>He'll</u> never make it.	실패할 거요.	생략(주어)	R5/3
41	Shit!	제길		S
42	<u>Maybe he</u> doesn't give your *S*it-on-your-ass-and do-nothing plan much hope.	무작정 기다리잔 말에 실망 했겠죠.	생략(단정, 주어) 의역(일반화=유머-)	R16/7
43	You're not going <u>after him</u>.	가면 안돼요	생략(목적어)	R6/3
44	No one dies. Do you remember?	더 이상의 희생은 안 된 댔죠?		E6/8
45	<u>I'll go</u>. I'll bring him back.	찾아 올께요.	생략(반복)	R8/2
46	AJ. <u>Throw me that</u> canteen.	AJ! 수통 좀	생략(동사)	R5/4
47	Good luck.	행운을 <u>빌어요</u>.	확장(동사)	E2/3
48	Captain, Ridell's first name is James.	캡틴, 리델 이름은 제임스예요		R7/6
49	Jimbo.	짐보.		S
50	Someone's already been <u>here</u>.	누가 벌써 다녀갔어요.	생략(장소)	R5/4

AVIATOR

00 : 37 : 11 - 00 : 48 : 00

#	ST	TT(자막)	메시지변화	양적 변화
1	That's Mr. Mayer's house right there.	저건 MGM의 "메이어" 집이야		R8/7
2	Do you know where Jack Warner lives?	"잭 워너" 집은 어딘지 알아?		R7/6
3	What's that on the steering wheel?	왜 덮어 씌웠어?		R7/3
4	If you had any idea of the crap that people carry around on their hands.	사람 손이 얼마나 불결한지 알지?		R15/7
5	What kind of crap?	뭐가 묻어서 불결한데?		E4/5
6	You don't wanna know.	안 듣는 게 나아		R5/4
7	Hold on to the wheel for a bit.	잠깐 잡아줘		R8/3
8	That's too hard. Relax your hand. Relax your hand.	너무 꽉 쥐었어. 긴장 풀어		R10/5
9	You see, you gotta feel the vibration of the engine through your fingertips.	손끝으로 엔진 진동을 느껴봐		R13/8
10	Do you feel that?	느껴져?		R4/2
11	Yes.	응		S
12	Golly!	세상에나!		S
13	Well, she's all yours.	혼자서 해봐!		R5/4
14	Where are you going?	어디 가?		R4/2
15	I think there's some milk back here.	우유 가지러		R8/2
16	You just keep us steady now.	지금처럼만 유지해		R6/5
17	All right.	알았어		R2/1

18	Howard.	하워드		S
19	why?	왜?		S
20	There's a rather alarming mountain heading our way.	앞에 위험한 산이 나왔어		R9/6
21	Pull back on the wheel a smidge. Go on.	앞쪽으로 약간 당겨, 어서!		R9/6
22	Golly!	어쩜 좋아		E1/2
23	I don't think I've ever met someone who actually uses the word "golly".	자기처럼 그 감탄사를 잘 하는 여잔 처음 봐		R15/10
24	You all right? Do you want me to take over?	괜찮아? 내가 조종해?		R10/5
25	Just when I'm getting the hang of it?	막 터득한 순간에?		R9/5
26	You want some milk?	우유 줘?		R4/2
27	Oh, please.	응!		R2/1
28	Utterly smashing! We'll do it again. I'm free Wednesday.	정말 놀라워. 수요일에 또 해.		R11/6
29	It's a little early for golf, though.	골프하기엔 좀 이르지 않아?		R8/6
30	Oh, no. no. I live right there.	아뇨, 내 집이 바로 저기 에요		S7
31	Feel like a drink?	한잔 마실래?		R4/3
32	Lead on.	안내해요		S2
33	Now, that makes for a challenging par four.	고난도 파4 홀에 안착했군.		R8/7
34	My decorator picked out the wallpaper and such.	디자이너가 골라준 벽지와 장식품이야		S8
35	He's queer as a bedbug.	동성애자였어		R6/3
36	But I just hate this room	난 이방을 싫어해		R6/5
37	Gives me the willies.	나를 무섭게 만들거든		S4

38	Like I'm about to be swallowed up by the latest issue of Town and Country.	이 온갖 물건과 장식들에 삼켜질 것 같아서		R16/11
39	What room do you like?	어떤 방을 좋아해?		R5/4
40	My study.	내 서재		S2
41	Take me there	거기로 데려가 줘		E3/4
42	You are the tallest woman I know.	내가 만나본 여자 중에 제일 커		E7/9
43	And all sharp elbows and knees. Beware.	팔꿈치랑 무릎도 제일 뾰족해. 조심해.		E7/9
44	Will you fly me to work tomorrow?	내일 일하는 곳에 데려다 줄 거야?		E7/8
45	It is tomorrow.	내일 일은 내일		E3/4
46	Keep your eye on the fuel. She's got a minimum to keep her weight down.	무게를 줄이려고 연료도 최소예요		R16/7
47	Two runs. That's it.	딱 두 번만 비행해요		E5/6
48	After that, you're flying on vapors. And then you crash and you die.	넘기면 추락해서 목숨 잃어요		R14/5
49	Give her easy flying. Don't worry about speed and don't think about the record today	오늘은 속력이니 기록은 생각마요		R17/8
50	I wish you'd let someone else take her. You've got 20 test pilots.	시험 조종사가 20명 줄섰어요		R15/7

참고문헌

김순영. (2006). 학부 번역교육의 효율성 제고방안에 관한 소고: 이론 기반 텍스트 분석 교과의 도입. *국제회의통역과 번역*, 8(1), 32-43.

김신좌. (2003). 번역과 사회언어학적 개념으로서의 젠더. *국제회의통역과 번역*, 5(2), 79-99.

서정수. (1996). *현대 국어문법론*. 서울: 한양대학교 출판원.

성승은. (2005). 대상독자의 차이에 따른 번역전략 연구: <이상한 나라의 앨리스>를 중심으로. *국제회의통역과 번역*, 7(1), 69-98.

손지봉. (2006). 문학번역 평가기준에 대하여. *국제회의통역과 번역*, 8(1), 87-106.

이창수. (1999). 통역과정에 대한 해석적 프레임 분석. *국제회의 통역과 번역*, 103-121.

이창수. (2006). 영한 번역에서의 동사성 체계 변화 연구. *국제회의 통역과 번역*, 8(1), 155-75.

장민호. (2005a). 영화번역에서의 유머효과의 감소. *통역번역교육연구*, 3(1), 45-56.

장민호. (2005b). 영화번역전략과 언어의 경제. *통번역교육연구*, 2(2), 21-48.

장민호. (2007). 영화번역에서의 텍스트 축소와 메시지 변화. *국제회의통역과 번역*, 9(1), 3-30.

장민호. (2008). 자막번역의 양적변화에 대한 영화장르별 고찰. 박사학위논문. *한국외대 통번역대학원*.

조상은. (2003). 일한번역에서의 번역조와 가독성의 문제. *국제회의통역과 번역*, 5(2), 169-93.

최정화. (2001b). *통역번역입문*. 서울: 신론사.

Attardo, S., & V. Raskin. (1991). Script theory revisited: Joke similarity and joke representation model. *Humor: International journal of humor research*, 4(3-4), 293-347.

Asimakoulas, D. (2004). Towards a model of describing humor translation. A case study of the Greek subtitled versions of Airplane! and Naked Gun. *Meta*, 49(4), 822-41.

Austin, J. L. (1970). *Quand dire, c'est faire* (G. Lane, Trans.). Paris: Seuil.

Baker, M. (1992a). *In other words - A coursebook on translation*. New York: Routledge.

Baker, M. (Ed., & trans.). (1992b). Translation /History/ Culture: A Course book. *Routledge encyclopedia of translation studies*. London and New York: Routledge.

Baker, M. (Ed.).(1998). *Routledge encyclopedia of translation studies*. London and New York: Routledge.

Berk-Seligson, S. (1988). The impact of politeness in witness testimony: the influence of the court interpreter. *Multilingua*, 7(4), 441-439.

Boggs, J. (1991). The art of watching films(영화 보기와 영화 읽기, 이용관. 역). 서울: 제 3 문화사.

Bogucki. (2004). The Constraint of Relevance in Subtitling. Retrieved 2007, Sept, 23 from http://www.jostrans.org/issue01/art_bogucki_en.php

Brown, P., & S. Levinson. (1987). *Politeness. some universals in language usage*. Cambridge: Cambridge University Press.

Callow, K. (1998). *Man and message - A guide to meaning-based text analysis*. Maryland: University Press of America.

Chen, S. (2004). Linguistic dimensions of subtitling: perspectives from Taiwan. *Meta* 49(1), 2004, 115-124

Chaume, F. (2004). Discourse markers in audiovisual translating. *Meta*. 49(4), 843-55.

Choi, J & Lim, H. (2000). An Overview of the Korean Translation Market. Meta, 45(2), 383-392

Danan, M. (2004). Captioning and Subtitling: undervalued language learning strategies. *Meta* 49(1), 67-77

Danielson, W. A., & S. D. Bryan (1963). Computer automation of two readability formulas. *Journalism Quarterly*, 4, 201-206.

Danielson, T. A., D. L. Lasorsa, & D.S. Im. (1992). Journalists and novelists: a study of deverging styles. *Journalism Quarterly* 69: 436-446

Delabastita, D. (1996). Introduction, Special issue of The Translator, *Wordplay and translation*, 2(2), 127-39.

Diaz-Cintas, J. (2001). "The value of the semiotic dimension in the subtitling of humor," In. L. Desblache (Ed.), *Aspects of specialised translation*. Paris: La Maison du Dictionnaire, 181-190..

Fawcett, P. (1996). 'Translating film,' In G.T. Harris (Ed.), *On translating french literature and film*, Amsterdam & Atlanta: Rodopi, 65-86.

Fong, G. F. (2003). Subtitling and translation education. *International conference on translation and interpretation studies*, 3, 151-167.

Gambier, Y. (2003). Screen transadaptation: perception and reception. In Y. Gambier (Ed.), *The translator studies in intercultural communication*, 9(2), 171-190, Oxford: St Jerome Publishing.

Giovanni, E. (2003). Cultural otherness and global communication in Walt Disney films at the turn of the century. In Y. Gambier (Ed.), *The translator studies in intercultural communication*, 9(2), 207-24, Oxford: St Jerome Publishing.

Gottlieb, H. (1992). "Subtitling- a new university discipline,' In C. Dollerup et al. (Ed.), *Teaching translation and interpreting* (161-170). Amsterdam: John Benjamins.

Gottlieb, H. (1994). Subtitling: Diagonal translation. In Dollerup, Cay, at. al. (Eds). *Perspectives: studies in translatology*, 101-121. Copenhagen: University of Copenhagen.

Gottlieb, H. (1998). Subtitling. In Baker(Ed.), *Routledge encyclopedia of translation studies*, 244-48. London and New York: Routledge.

Greenbaum, S., & Quirk, R. (1990). *A student's grammar of the english language*, Longman.

Grice, H. P. (1975). Logic and conversation, In L. Cole & J. L. Morgan (Eds.), *Syntax and semantics* (3rd ed.). New York: Academic Press.

Hajmohamadi, A. (2004). *The viewer as the focus of subtitling towards a viewer-oriented approach*. Retrieved on August, 12, 2007 from http://www.babelport.com/articles/38

Halliday, M.A.K., & Hasan, R. (1976). *Cohesion in English*. London & New York: Longman.

Hatim, B. (1997). *Communication across cultures: Translation theory and contrastive text linguistics*. Devon, UK: University of Exter Press.

Heikal, M. (1983). *Autumn of fury: The assassination of Sadat*, Corgi (Arabic translation by the author, Beirut: Sharikat Al Matbuaat Liltawzeei wa alnashr, 1984).

House, J. (1998). Politeness and translation. In L. Hickey(Ed.), *The pragmatics of translation* (54-71).

Holmes, J. (2001). *An Introduction to sociolinguistics*. London: Pearson Education Limited.

Jakobson, R. (1959/2000). On linguistic aspects of translation. In L. Venuti (Ed.), *The Translation studies reader* (113-18). London and New York: Routledge.

Katan, David. (1999). *Translating cultures - An introduction for translators, interpreters and mediators*. manchester, U.K.: St Jerome Publishing,

Klaudy, K. (1998). Explicitation. In Baker M. (Ed.), *Routledge encyclopedia of translation studies* (80-85). London and New York: Routledge.

Lasswell, H. (1948) The structure and function of communication in society. In L. Bryson (Ed.), *The communication of ideas*. Urbana: University of Illinois Press.

Lively, B. A., & Pressey, S. L. (1923). A method for measuring the 'vocabulary burden of textbooks. *Educational Administration and Supervision*, 9, 389-398.

Lomheim, S. (1999). The Writing on the Screen, Subtitling: A Case Study from Norwegian Broadcasting (NRK), Oslo'. In G. Anderman and M. Rogers (Eds.), *Word, text, translation*, 190-207. Multilingual Matters.

Lorenzo, L., Pereira, A., & Xoubanova, M. (2003). The Simpsons/Los Simpson: Analysis of an audiovidual translation. In Y. Gambier (Ed.), *The translator studies in intercultural communication*, 9(2), 269-92. Oxford: St Jerome Publishing.

Luque, A. (2003). An empirical approach to the reception of AV translated humor. In Y. Gambier (Ed.), *The translator studies in intercultural communication*, 9(2), 293-306. Oxford: St Jerome Publishing.

Luyken, Michael, G., Herbst, T., Langham-Brown, J., Reid, H., & Spinhof, H. (1991). *Overcoming language barriers in European TV*, Manchester. The European Institute for the Media.

McLuhan, M. (1965). *Understanding media: The extensions of man*. New York: McGraw-Hll.

Munday, J. (2001) *Introducing translation studies: Theories and applications*. New York: Routledge

Nida, E. (1964). *Toward a science of translating*. Leiden: E.J.Brill.

Nida, E. and Taber, C. (1982). *The theory and practice of translation*. Netherlands: United Bible Society.

Ninaranja, T. (1992). *Siting Translation: history, post-structuralism, and the colonial context*, Berkeley, CA: University of California Press.

Oittinen, R. (2000). *Translating for children*. New York: Garland Publishing.

Remael, A. (2003). Mainstream Narrative Film Dialogue and Subtitling. In Y. Gambier (Ed.), *The translator studies in intercultural communication*, 9(2), 225-247. Oxford: St Jerome Publishing.

Russo, M. (1997). Film interpreting: challenges and constraints of a semiotic practice.

In Yves G., Daniel G., & Christopher T. (Eds.), *Conference interpreting: Current trends in research* (188-192). Amsterdam/Philadelphia. John Benjamins Publishing Company.

Salzmann, Z. (1993). *Language, culture, & society*. United States of America: Westview Press.

Severin & Tankard, Jr. (1997). *Communication theories: Origins, methods, and uses in the mass media*. New York: Longman.

Shocaht, E., & Stam, R. (1980). The cinema after Babel: Language, difference, power. *Screen*, 26, 35-58.

Sidiropoulou, M. (1998). Advertizing in translation: English vs. Greek. *Meta, 43(2)*, 1-14

Taylor, C. J. (2003). Multimodal Transcription in the Analysis, Translation and Subtitling of Italian Filims, *The translator: Studies in intercultural communication*, 9(2), 191-205.

Tomaszkiewicz, T. (1993). *Les Operations Linguistiques qui Sous-tendent le Processus de Sous-titrage des Films*, Poznan: UAM.

Vande Kopple, W. J. (1986). Given and new information and some aspects of the structures, semantics, and pragmatics of written texts, In C. R. Cooper and S. Greenbaum (Eds.), *Studying writing: Linguistic approaches*, New York: Sage.

Venuti, L. (Ed.). (1992). *Rethinking translation: Discourse, subjectivity, ideology*, London and New York: Routledge.

Venuti, L. (1998). *The scandals of translation: Towards an ethics of difference*, London and New York: Routledge.

Venuti, L. (1999). *L'invisibilita' del traduttore: una storia della traduzione*, (M. Guglielmi, Trans.), Roma: Armando Editore.

Viaggio, S. (1996). Wordplay and Translation. In D. Delabastita. (Ed.), *The translator studies in intercultural communication*, 2(2), 179-98. Oxford: St Jerome

Publishing.

Vinay, J. P., & J. Darbelnet. (1995). *Comparative stylistics of french and english*, (J.C. Sager and M. J. Hamel, trans.). Amsterdam and Philladelphia: John Benjamins.

Widler, B. (2004). A survey among audiences of subtitled films in Viennese cinemas, *Meta* 49(1), 98-10

Wright, C. (1959). *Mass communication*. New York: Random House.

찾아보기

가

가독성(readability) ·················· 38
개념 중심의 언어 ·················· 94
개념적 등가(ideational equivalence) 103
거시적 해석 ·················· 48
경제 하려는 의지(will to economize) 51
경제적인 커뮤니케이션 ·················· 19
고배경(high context)문화 ·················· 54
공간적 제약 ·················· 35
공지시(co-reference) ·················· 59
구체화 ·················· 71
국제화(internationalization) ·················· 83
굴종적 중재자(servile mediator) ····· 78
권위적 중재자(authoritative mediator)
·················· 78
기억의 지속성(recall) ·················· 43
기호 간 번역 ·················· 25

나

내용적 동시성(content synchronism) 32

다

다기호성 ·················· 30
다중기호(polysemiotic) 텍스트 ······· 30
단일기호 텍스트(monosemiotic) ····· 30

담화분석 ·················· 51
담화의 관련성(Relevance) ·················· 50
담화의 방법(Manner) ·················· 50
담화의 양(Quantity) ·················· 50
담화의 질(Quality) ·················· 50
담화표지 ·················· 93
대사 ·················· 112
대어역 ·················· 76
대중문화의 중개자(mass-cultural mediator)
·················· 21
대체 ·················· 72
더빙 ·················· 24
도착어 (target text:TT) ·················· 15
독자 ·················· 19
동시 자막처리 ·················· 28
동시성(synchronism) ·················· 25
동시적 이종 기호적(synchronous and diasemiotic) ·················· 31
동일 언어 간 자막처리(intralingual subtitling) ·················· 28
동종 기호간 번역(isosemiotoc translation)
·················· 31
등가(equivalence) ·················· 39

라

랑그 57

마

만화번역 35
매스미디어 96
메시지의 변화 16
메이지 유신 13
명령형(directive) 114
모사 76
문맥 파악(context awareness) 51
문미 초점 원칙(Principle of End Focus)
.... 95
문학번역(literary translation) 75
문화 특정적(culture-specific) 66
문화적 폭력 80
미국 성서공회(UBS) 39

바

바벨탑 12
발화수반 행위(illocutionary act) .. 105
번역발주자 81
번역의 충실성 93
번역이론 18
번역전략 17
번역조(translationese) 77
법정통역 107
보상 100
보이스 오버(voice over, VO) 27
복합적 인지활동 36
비교문체론 75
비주류(minor) 언어 77
비주류 영상번역 27
빈칸 채우기 42
빠롤 57

사

사대주의 13
사회언어학(sociolinguistics) 103
삽화 46
상위어 67
상호작용 102
상호작용적(interactive) 비중 101
상황맥락(context of situation) 62
생략 84
선험적 연구 98
성(性: gender) 108
성격 동시성(character synchronism) 32
소극적 공손성(negative politeness) 104
소우주(microcosm) 44
순수한 의미의 중의법(genuine double import) 92
스크린 22
시각적 동시성(visual synchronism) 32
시각화(visualization) 48
시간적 제약 33

시나리오/스크립트 번역 ……… 28
실용번역(non-literary translation) … 75
심층결속구조(coherence) ……… 58

아

아동도서 ……………………… 107
안개지수 ……………………… 41
애니메이션 …………………… 114
애정/멜로장르 ………………… 116
양적(quantitative) …………… 101
언어 간 번역 ………………… 25
언어습득 ……………………… 26
언어역(register) ……………… 89
엔터테인먼트 ………………… 80
역동적 등가(dynamic equivalence) · 39
연결어 ………………………… 54
연어 …………………………… 55
영상번역 …………………… 24, 93
영상해독능력(visual literacy) …… 33
영화번역(film translation) ……… 25
영화장르 ……………………… 111
오리지널 우월주의 …………… 13
외국화(foreignization) ………… 75
외연화 ………………………… 62
용언 중심의 언어 ……………… 94
유머효과 ……………………… 96
유표적(marked) 연어 ………… 56
음성해설(Audio Description) …… 29

음절(syllable) ………………… 40
의미장(semantic field) ………… 66
의미적(semantic) ……………… 101
의역(sense for sense) ………… 19
이종 기호적 번역(diasemiotic translation)
……………………………… 31
이해가능성(intelligibility) ……… 40
인간관계적 메시지 …………… 89
인간관계적(interpersonal) …… 103
인과관계 ……………………… 87
인상(impressions) …………… 43
인지적 보완소(cognitive complements)
……………………………… 80
일반화 ………………………… 66
잉여성(redundancy) 회피 …… 61

자

자막(subtitle) ………………… 22
재량 …………………………… 55
재창조 ………………………… 16
저배경(low context)문화 ……… 54
적극적 공손성(positive politeness) 104
접속사 ………………………… 59
정보 구조(information structure) … 93
정보량 ………………………… 90
정보성(informativity) ………… 61
정보의 초점(information focus) … 95
정치적 선전도구(political apparatus) · 81

제 2의 창작 ································ 16
제약된 번역(constrained translation) 32
젠더 편견적 ··························· 108
젠더문화 ······························· 108
주류 언어(major languages) ········· 77
주류 영상번역 ························ 24
주어(주제) 중심적 ··················· 94
주제–술어(theme-rheme) ·········· 57
중화 (neutralization) ················ 82
지시 ······································ 58
직역(word for word) ················ 19
진술(assertive) ······················· 114

ㅊ

차용 ····································· 76
청자의 부담(R: ranking of impositions)
································ 106
체면 위협 행위(face threatening act; FTA) ·································· 105
촉각채널 ································ 45
총 단어 수 ···························· 115
총 문장수 ····························· 115
최단자막(minimum subtitle) ······· 38
최장자막(maximum subtitle) ······ 38
추리/스릴러 장르 ··················· 116
축소율 ································· 115
출발어 (source text: ST) ··········· 14
출판번역 ······························· 93

친밀도 ································· 106

ㅌ

텍스트성 ······························· 61
텍스트유형 ···························· 46

ㅍ

표층 결속성(lexical cohesion) ······ 53
표현적(expressive) ················· 114
품사 ···································· 113

ㅎ

학습된 행위 ··························· 74
學으로서의 번역(translation studies) 15
함의(implicature) ···················· 62
행위로서의 번역(translating) ······ 15
현지화 (localization) ················· 80
형식적 등가(formal equivalence) ···· 39
형식적 중의법(apparent double import)
································ 92
화제 중심적 ··························· 94
화행 ···································· 114
후각채널 ································ 45
후식민주의(post collonialim) ······ 77

C

Channel Capacity ··················· 41
chunking down ····················· 71

chunking-up ········· 71

F
field ········· 62
Flesch의 공식 ········· 40

G
Grice의 협동원칙 ········· 49

I
idiosyncracy ········· 101
illocution ········· 63

L
locution ········· 63

M
mode ········· 62

P
perlocution ········· 63

S
script ········· 96
Surtitling ········· 29

T
T/V ········· 108
tenor ········· 62
theme/rheme ········· 93